**Die SchUM-Städte
Speyer - Worms - Mainz**

Ausflugsziele zu den Kulturstätten
des Judentums am Rhein

Matthias Preißler

DIE SCHUM-STÄDTE
SPEYER-WORMS-MAINZ

AUSFLUGSZIELE ZU DEN KULTURSTÄTTEN DES JUDENTUMS AM RHEIN

Herausgegeben von
der Generaldirektion Kulturelles Erbe
Rheinland-Pfalz

SCHNELL + STEINER

Abbildungen der vorderen Umschlagseite (von links nach rechts):
Speyer: Eingang zur Mikwe. Im Hintergrund die Synagoge
Worms: Eingang zur Mikwe. Im Hintergrund das Lehrhaus von 1623/24
Mainz: Grabstein auf dem jüdischen Denkmalfriedhof

Abbildungen der hinteren Umschlagseite (von links nach rechts):
Speyer: Die 2011 eingeweihte neue Synagoge
Worms: Die Trauerhalle auf dem neuen Friedhof aus dem Jahr 1911
Mainz: Die 2010 fertiggestellte neue Synagoge

Frontispiz:
Denkmalfriedhof Mainz

Bibliografische Information der Deutschen Nationalbibliothek:
Die Deutsche Nationalbibliothek verzeichnet diese Publikation
in der Deutschen Nationalbibliografie; detaillierte bibliografische Daten
sind im Internet über <http://dnb.dnb.de> abrufbar.

1. Auflage 2013
© 2013 Verlag Schnell & Steiner GmbH, Leibnizstr. 13, D-93055 Regensburg
ISBN 978-3-7954-2595-1
Umschlaggestaltung: Anna Braungart, Tübingen
Satz und Druck: Erhardi Druck GmbH, Regensburg

Alle Rechte vorbehalten. Ohne ausdrückliche Genehmigung des
Verlages ist es nicht gestattet, dieses Buch oder Teile daraus auf
fotomechanischem oder elektronischem Weg zu vervielfältigen.
Sollten trotz sorgfältiger Prüfung die Rechte Dritter verletzt sein,
bitten wir um schriftliche Mitteilung an den Verlag.

Weitere Informationen zum Verlagsprogramm erhalten Sie unter:
www.schnell-und-steiner.de

Inhalt

Einführung 9
Ingrid Westerhoff

Speyer

Zur Geschichte der Stadt 16
Das historische Stadtzentrum 19
    Das Altpörtel 20
    Der Dom 20
**Die jüdische Gemeinde
im mittelalterlichen Speyer** 22
    Bischof Rüdiger 24
Das Judenviertel von Speyer 26
    Der ehemalige Friedhof 29
    Der Judenhof 32
    Die Synagoge 34
    Die Frauenschul 38
    Die Mikwe 44
    Die Weisen von Speyer 48
    Das Ende der mittelalterlichen Gemeinde 50
Die jüdische Gemeinde heute 52
    Die neue Synagoge 52
Museen 54

Worms

Zur Geschichte der Stadt 58
Das historische Stadtzentrum 62
    Der Dom 62
    St. Andreas 65
Die jüdische Gemeinde
im mittelalterlichen Worms 65
Das jüdische Viertel in Worms 74
    Die Judengasse 74
    Die Synagoge 77
    Die Frauenschul 81
    Die Jeschiwa (Raschi-Kapelle) 85
    Die Mikwe 85
    Das Tanzhaus 85
Der alte jüdische Friedhof von Worms 87
    Geschichte und Besonderheiten 87
    Topographie 91
    Die Grabsteine 95
    Einzelne Grabsteine 97
    Gebetsbruderschaften 100
Museen 100

Mainz

Zur Geschichte der Stadt 106

Das historische Stadtzentrum 108

Die jüdische Gemeinde
im mittelalterlichen Mainz 109

    Die Familie Kalonymos 109

    Die Jeschiwa von Mainz 112

    Chasside Aschkenas 112

Das jüdische Viertel 113

Denkmalfriedhof 114

Das jüdische Mainz in der Neuzeit 116

Jüdisches Leben in Mainz nach 1945 120

    Monsignore Mayer 120

    St. Stephan 123

    Die neue Synagoge 123

Museen 128

Glossar 129

Ausgewählte Literatur 133

Bildnachweis 136

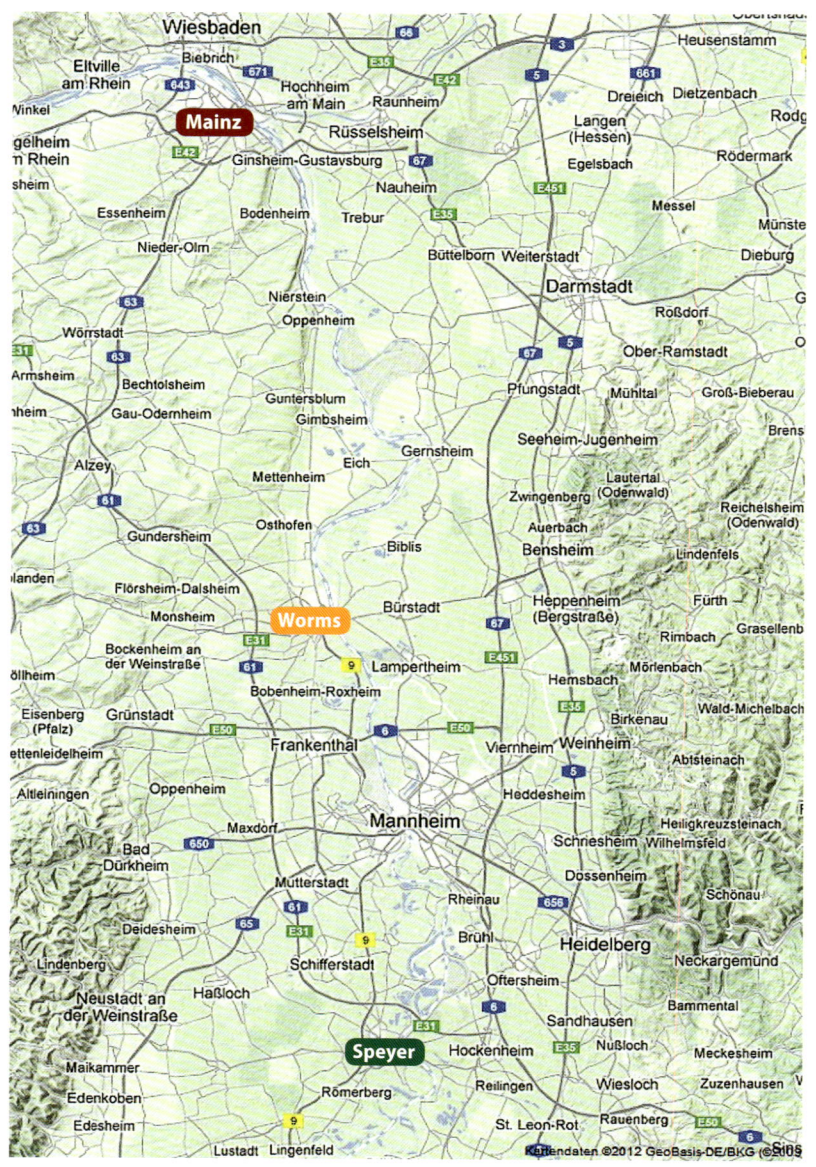

Einführung

Die Trias der drei dicht beieinanderliegenden jüdischen Gemeinden Speyer, Worms und Mainz ist eine Besonderheit, die sich so nirgendwo wiederholt hat. Sie waren die Wiege des bis heute weltweit fortwirkenden aschkenasischen Judentums. Um 1200 fasste der große jüdische Gelehrte Isaak Or Sarua, der in Frankreich und in den SchUM-Gemeinden studiert hatte, ihre Bedeutung in die Worte: „Wie sehr gehören unsere Lehrer in Mainz, in Worms und in Speyer zu den gelehrtesten der Gelehrten, zu den Heiligen des Höchsten, von dort geht die Lehre aus für ganz Israel. Seit dem Tage ihrer Gründung richteten sich alle Gemeinden nach ihnen, am Rhein und im ganzen Land Aschkenas." Schon seit dem Hochmittelalter waren sie unter dem Namen Sch-U-M bekannt. Die Abkürzung entstand aus den Anfangsbuchstaben der hebräischen Städtenamen: *Schin* (Sch) für *Schpira*, *Waw* (U) für *Warmaisa* und *Mem* (M) für *Magenza*. Der Rhein und gut ausgebaute Römerstraßen verbanden die Orte seit der Antike mit den europäischen Fernhandelsrouten, über die die Juden wohl als Händler aus Südeuropa in die Region gekommen waren. Archäologische Funde lassen sogar vermuten, dass es bereits in der Spätantike jüdische Bewohner in den Städten gegeben haben könnte. Mittelalterliche Schriftquellen geben hier und da Hinweise auf Juden am Rhein im 9. und 10. Jahrhundert. Die dauerhafte Anwesenheit einer jüdischen Bevölkerung lässt sich für die Zeit um die Jahrtausendwende belegen. Die Juden hatten sich offenbar zuerst in Mainz, kurz darauf in Worms und spätestens um 1084 in Speyer niedergelassen. Von Anfang an bestanden engste Beziehungen zwischen den drei Gemeinden – nicht nur geographische, sondern auch verwandtschaftliche Bindungen. Eine besondere Rolle spielte dabei die ursprünglich aus Italien stammende Familie Kalonymos, deren Name mit der Gründung der Gemeinde in Mainz verbunden ist. Mehrfach treten Angehörige der Familie in der Folgezeit als Verhandlungsführer und Vertreter der jüdischen Bevölkerung in den drei SchUM-Städten auf. Einige errangen einen herausragenden Ruf als Gelehrte.

In den Lehrhäusern der drei Gemeinden wirkten von Beginn an bedeutende Schriftgelehrte wie etwa in Mainz Rabbi Gerschom ben Jehuda (um 960–1028/40), genannt „Leuchte des Exils", der neben einem grundlegenden Gesetzeswerk auch weithin beachtete religiöse Gedichte verfasste und dessen *Takkanot* (religiöse Statuten) bis heute gelten. Die Talmudakademien zogen Schüler aus ganz Europa an, von denen einige selbst zu geachteten Lehrern wurden – allen voran der aus Troyes stammende Talmudkommentator Schlomo ben Jizchak genannt „Raschi" (1040–1105), dessen Texte heute noch gelesen werden.

Das Fundament für die bahnbrechende Entwicklung hatten die bischöflichen bzw. kaiserlichen Privilegien für die Juden in Speyer und Worms im ausgehenden 11. Jahrhundert gelegt. Die vielseitigen Gelehrten der SchUM-Städte – und ihre Gemeinden – prägten die neuen Lebensweisen und

1 *Die ehemalige Judengasse in Speyer*

-normen der Juden. Schon bald wurden sie auch von außerhalb vor allem in Rechtsfragen konsultiert. Bereits im Lauf des 12. Jahrhunderts hatten sich die Vertreter aus Speyer, Worms und Mainz regelmäßig in Versammlungen getroffen, um die Angelegenheiten der Gemeinden gemeinsam zu besprechen und zu regeln. Gegen Ende des Jahrhunderts führten diese Bestrebungen zur Gründung eines Gemeindebundes mit einheitlicher Rechtsordnung. Diese Satzung hat als *Takkanot-SchUM* Eingang in die Literatur gefunden und wurde weit über das Rheinland hinaus in der jüdischen Welt wahrgenommen. Noch heute werden diese Statuten auch außerhalb des Staates Israel im aschkenasischen Trauungsformular ausdrücklich zitiert.

Die Bedeutung der SchUM-Städte für die jüdischen Gemeinden ganz Europas begründete ihren Ruf in der gesamten Diaspora als das „Jerusalem am Rhein". Sie setzten ihre Gemeinde auf eine gleiche Stufe wie Jerusalem – also den höchsten Rang in der Diaspora. So gab es beispielsweise vom frühen 18. Jahrhundert bis 1959 in einer Synagoge im (heutigen weißrussischen) Mogil'ov am Dnjepr ein Bild, das Worms, damals die einzige noch ununterbrochen bestehende SchUM-Gemeinde, als *Jerusalem* darstellt.

Nicht nur auf geistigem Gebiet traten die drei SchUM-Städte hervor. Die steinernen Zeugnisse, zu denen der vorliegende Reisebegleiter führt, belegen eine hohe Innovationskraft. Sie beeinflussten den Synagogenbau in Mittel- und Osteuropa über mehrere Jahrhunderte maßgeblich. Die Synagoge in Speyer ist ein herausragendes Beispiel für die Anwendung der neuen in Aschkenas entwickelten Gestaltungsprinzipien. Die monumentalen Mikwen in Speyer und Worms sind die ältesten erhaltenen Beispiele einer im europäischen Raum bis dahin unbekannten Bauform.

Die Blütezeit der SchUM-Gemeinden endete nach den Pestpogromen im Jahr 1349. Zwar hatte es seit den Ausschreitungen im Zusammenhang mit dem ersten Kreuzzug im Jahr 1096 mehrfach Feindseligkeiten und Übergriffe gegen die Juden gegeben, die Ereignisse des Pestjahres führten aber vielerorts praktisch zur vollständigen Zerstörung der jüdischen Gemeinden.

Auch wenn sich in der Folgezeit wieder Juden in den SchUM-Städten ansiedelten, an die große Tradition der Gemeinden konnten sie meist nicht mehr anknüpfen. Nach einer langen Folge von Ausweisungen und Wiederzulassungen, von Repressalien und Ausgrenzungen verliert sich die Spur der jüdischen Gemeinden in Speyer und Mainz am Ende des 15. Jahrhunderts. Einzig in Worms haben bis in die Neuzeit fast ohne Unterbrechung Juden gelebt.

Erst durch die Umwälzungen im Zusammenhang mit der Französischen Revolution erlangten auch die Juden in den SchUM-Städten uneingeschränkte Bürgerrechte und damit eine Gleichstellung mit der christlichen Bevölkerung. In der Folgezeit wuchsen die Gemeinden wieder an. Prächtige, neu errichtete Synagogen und andere Bauten dokumentieren die erneute Blüte des jüdischen Lebens im 19. und zu Beginn des 20. Jahrhunderts, vor der völligen Zerstörung im Holocaust.

Die geistige Hinterlassenschaft der SchUM-Gemeinden ist in der schriftlichen Überlieferung der großen Gelehrten vom Rhein, wie etwa in den Talmudkommentaren oder der geistlichen

2 *Die Mikwe in Worms*

3 *Die neue Synagoge in Mainz*

Dichtung, immer greifbar geblieben. Bis heute haben die herausragenden jüdischen Persönlichkeiten, die in SchUM gewirkt haben, weltweit Einfluss auf das Judentum: Der berühmte Gelehrte Rabbi Gerschom ben Jehuda, die „Leuchte des Exils", legte den Grundstein für eine Generationenkette großer Rabbiner-Gelehrter des Mittelalters am Rhein. Raschi, Jehuda Chassid, Rokeach, MaHaRaM, MaHaRiL sind Namen, die sich in das jüdische Gedächtnis eingeschrieben haben. Diese Gelehrten stehen mit ihrem Wissen und Wirken für eine bis heute andauernde Tradition jüdischen Lebens. Sie haben das aschkenasische Judentum maßgeblich mitgeprägt und die SchUM-Städte durch ihre Lehren über ihre Lebenszeit hinaus berühmt gemacht.

Überdies sind die einzigartigen, bis in das 11. Jahrhundert zurückreichenden baulichen Zeugnisse und weitere herausragende Kulturgüter überkommen, die in ihrer Bedeutung und Reichhaltigkeit einen universellen Wert besitzen. Über mehrere Jahrhunderte wurde der Synagogenbau in Mittel- und Osteuropa maßgeblich von den Ritualbauten der SchUM-Gemeinden beeinflusst.

In Worms zeichnet sich der mittelalterliche Friedhof durch seine außergewöhnlich vollständige Bestattungssituation aus. Die Grabsteine stehen zum weitaus größten Teil an ihrem ursprünglichen Standort. Auf dem jüngeren Areal haben die neuzeitlichen Grabstätten mit ihren Stelen fast ausnahmslos überdauert. Der mehr als 900 Jahre kontinuierlich religiös genutzte, 1938 in Brand gesetzte Synagogenkomplex wurde nach dem Zweiten Weltkrieg mit den Resten der Steine und der geretteten Architekturteile rekonstruiert. In Mainz wurden im 19. und im frühen 20. Jahrhundert die ca. 210 aufgefundenen Grabsteine des einstigen mittelalterlichen Friedhofs im Jahre 1926 und später wieder aufgestellt, 2007 kam ein neuer Fund von etwa 30 mittelalterlichen Grabsteinen hinzu. Auf dem neuzeitlichen Teil des Friedhofs blieben die Gräber mit ihren Grabstelen des 18. und 19. Jahrhunderts weitgehend bestehen.

Der vorliegende Reiseführer soll vor allem diese einzigartigen Denkmäler der mittelalterlichen Gemeinden in den drei Domstädten vorstellen und erschließen. Folgen Sie einer Reise von Speyer über Worms nach Mainz, wo die außergewöhnlichen steinernen Zeugnisse noch heute von der großen Vergangenheit der SchUM-Gemeinden und ihrer Kultur erzählen – während die neu erbauten Synagogen und die wachsenden jüdischen Gemeinden ein sichtbares Zeichen für ihre Lebendigkeit sind.

Die herausragende Bedeutung der drei jüdischen Zentren des Mittelrheingebietes und ihrer bis heute erhaltenen Ritualbauten haben in den letzten Jahren auch zu einer verstärkten Wahrnehmung des Themas in der Öffentlichkeit geführt. Im August 2012 reichte das Land Rheinland-Pfalz den Antrag auf Eintragung der SchUM-Städte in die UNESCO-Welterbeliste ein. Die Generaldirektion Kulturelles Erbe Rheinland-Pfalz hat dazu mit den drei Städten und den jeweiligen jüdischen Kultusgemeinden eine Kooperationsvereinbarung getroffen, um die weitere Erforschung und touristische Erschließung der Orte zu koordinieren.

Dr. Ingrid Westerhoff
Generaldirektion Kulturelles Erbe
Rheinland-Pfalz
Landesdenkmalpflege

Speyer

4 *Historische Stadtansicht von Speyer von Franz Hogenberg (1582)*

Speyer liegt in der fruchtbaren oberrheinischen Tiefebene, ca. 20 km südlich von Mannheim und 30 km nördlich von Karlsruhe. Der gesamte Oberrheingraben gilt als außergewöhnlich warme und besonders niederschlagsarme Region in Deutschland. Die nährstoffreichen Böden der Rheinebene und das in ausreichender Menge zur Verfügung stehende Wasser machen die Region zu einer der fruchtbarsten Gegenden Deutschlands. Neben dem Weinanbau, der seit der Römerzeit flächendeckend betrieben wird, ist die Region unter anderem berühmt für ihre Esskastanien und Mandelbäume – sogar Feigen gedeihen hier im Freiland. **(Abb. 4)**

Zur Geschichte der Stadt

Speyer ist eine der ältesten Städte in Deutschland und geht auf eine römische Gründung zurück. Die Kernstadt liegt auf einer Flussterrasse, die aus eiszeitlichen Ablagerungen gebildet wird. Das keilförmige Plateau erhebt sich in zwei Stufen ca. 20 m über die Rheinaue und bot auch in den Zeiten vor der Regulierung des Flusses eine ausreichende Hochwassersicherheit für einen Siedlungsplatz. Es ist daher nicht verwunderlich, dass bereits aus vorgeschichtlicher Zeit eine Vielzahl von archäologischen Funden aus dem Bereich der Speyerer Lössterrassen vorliegt. So wurden im heutigen Stadtgebiet an mehreren Stellen bronzezeitliche Befunde freigelegt. Einer der bekanntesten Funde aus dieser Zeit, der sogenannte Goldene Hut von Schifferstadt, ist heute im Historischen Museum der Pfalz zu betrachten.

Ob Speyer zum Stammesgebiet der keltischen Mediomatriker gehörte, ist in der Fachwelt umstritten. Der Stamm war seit dem 2. Jahrtausend v. Chr. im Osten Frankreichs und in Teilen des heutigen Saarlands sowie Rheinland-Pfalz ansässig. Keimzelle der heutigen Stadt war ein befestigtes Militärlager der römischen Legion, das um 10 v. Chr. dort angelegt wurde. Im ersten Jahrhundert siedelten in Speyer die Nemeter, ein germanischer oder keltischer Stamm, der vielleicht schon gegen 70 v. Chr. unter der Führung Areovists in die Gegend vorgedrungen war. Der römische Name Speyers, *noviomagus nemetum* oder auch *civitas nemetum*, spiegelt jedenfalls die Bedeutung des Stammes für die Gegend. Speyer war in dieser Zeit der Hauptort und Sitz der römischen Verwaltung in der Region. Bereits für das Jahr 343 n. Chr. ist ein erster Bischof in Speyer bezeugt, was die Bedeutung des Ortes illustriert. In der anschließenden Völkerwanderungszeit scheint das Bistum jedoch zunächst wieder untergegangen zu sein. Auch der vorübergehende Einfluss ostgermanischer Stämme im ausgehenden 4. und 5. Jahrhundert ist im Umfeld der Stadt Speyer archäologisch nachzuweisen. Im Altlußheim konnte ein reich ausgestattetes Fürstengrab aus dieser Zeit geborgen werden. Erst mit dem Sieg Chlodwigs über die Alamannen in der Zeit kurz nach 500 stabilisierten sich die Verhältnisse. Die Region um Speyer war mit der Eingliederung in das Fränkische Reich nun wieder in die römisch geprägte Zivilisation eingebunden. Geblieben ist allerdings der von den Alamannen gebrauchte Name der Stadt: *Spira*.

Neben dem Rhein als wichtigstem Verkehrsweg war die Region spätestens seit dem 2. nachchristlichen Jahrzehnt durch eine bedeutende, den Flusslauf begleitende Fernstraße erschlossen. Seit der Römerzeit ist diese Verkehrsader eine der wichtigsten europäischen Nord-Süd-Verbindungen, die auch eine zentrale Rolle für den Waren- und Kulturaustausch in Europa spielte. Im Fränkischen Reich dürften auch die alten Handelswege, die die Gegend um Speyer mit Frankreich verbanden, erneut von größerer Bedeutung gewesen sein.

Speyer wurde ab dem 7. Jahrhundert wieder Bischofsstadt, was eine entschei-

5 *Das gläserne Schutzdach über der Mikwe in der Bildmitte zeigt die Lage des Judenhofs in unmittelbarer Nähe zum Domplatz*

dende Vorbedingung für die weitere Entwicklung werden sollte. Zwar stand die Stadt, anders als Worms und Mainz, in der karolingischen Zeit offenbar zunächst kaum im Fokus des politischen Interesses der fränkischen Könige – nur wenige Aufenthalte eines Herrschers sind für das 8. und 9. Jahrhundert belegt – den Bischöfen von Speyer gelang es aber im Laufe der Zeit, eine bedeutende Stellung im Reich zu erringen. Als Basis für ihren Aufstieg diente dabei ein geschlossener Besitz rund um die Stadt und eine Reihe von allmählich erworbenen Rechten und Zuständigkeiten. So übertrug der Salierherzog Konrad als Graf des Speyergaus dem Bischof von Speyer im Jahr 949 die Marktaufsicht sowie die Einkünfte aus den Marktabgaben und einen erheblichen Teil der Handelszölle. Auch das Münzrecht und die Gerichtsbarkeit in der Stadt gehörten zu den Rechten, die an den Bischof fielen. Gerade für die hier betrachtete mittelalterliche Blütezeit der jüdischen Gemeinde war, wie wir noch sehen werden, die Vorherrschaft des Bischofs bis in das 12. Jahrhundert eine zentrale Grundlage. Zudem wurden der Bürgerschaft an kaum einem anderen Ort bereits im 12. Jahrhundert derart umfangreiche Privilegien eingeräumt wie hier. Als Ausgangspunkt der Entwicklung kann man den sogenannten großen Freiheitsbrief betrachten, den König Heinrich V. am 14. August 1111 anlässlich der Beisetzung seines Vaters der Speyrer Bürgerschaft gewährte. Die dort verbrieften Rechte wurden durch Friedrich I. Barbarossa im Jahr 1182 bestätigt und noch erweitert. Die Urkunden führten letztlich zur weitgehenden Befreiung der Bürgerschaft von Markt- und Handelszöllen sowie zur alleinigen Zuständigkeit der städtischen Gerichtsbarkeit – ein eigenständiges Stadtrecht wurde im Jahr 1230 niedergelegt. Der Rat der Stadt führte bereits ab 1207 ein eigenes Siegel und trat seit der Mitte des 13. Jahrhunderts in Rechtsgeschäften als eigenständige Partei auf. Diese Entwicklung spiegelt den Versuch der deutschen Könige, die Bürgerschaft der großen Städte – allen voran die der alten Machtzentren am Rhein, den SchUM-Städten – gegenüber den Reichsfürsten zu stärken. In Speyer findet der Konflikt seinen Ausdruck in den sich zuspitzenden Streitigkeiten mit den Bischöfen. So ist die Stadt in der eskalierenden Auseinandersetzung zwischen Kaiser und Kirche in der Folge des Investiturstreits unter Friedrich II. von Hohenstaufen an der Seite des Kaisers zu finden. Dies führte zu offener Feindseligkeit mit der Speyerer Geistlichkeit und sollte wiederholt in der Vertreibung des Bischofs durch die Bürgerschaft gipfeln – ein politischer Prozess, an dessen Ende schließlich die Ernennung Speyers zur Freien Reichsstadt stand. Die bischöfliche Herrschaft endete faktisch im Jahr 1294 mit dem Verzicht von Bischof Friedrich auf seine angestammten Rechte.

In dem so veränderten Machtgefüge trat im Jahr 1298 durch die Übertragung der Einkünfte aus der Besteuerung der Juden durch König Adolf an die Stadt eine entscheidende Veränderung der Rahmenbedingungen ein: Die jüdische Bevölkerung Speyers war nun nicht mehr vom König, sondern von der wirtschaftlich konkurrierenden und in sich zerstrittenen Bürgerschaft abhängig.

In den äußeren Beziehungen der Stadt markiert der Beitritt zum Rheinischen Städtebund im Jahr 1254 das veränderte Selbstverständnis. Während des durch große Unsicherheit geprägten Interregnums, also der Periode zwischen der Absetzung Kaiser Friedrichs II. durch Papst Innozenz IV. im Jahre 1245 und der Wahl Rudolfs I. im Jahre 1273 strebten die Städte am Rhein einen engen Schulterschluss an. Ausgehend von dem älteren Mainzer Landfrieden schuf man eine eigenständige Rechtsordnung, beschloss eine Freihandelszone und stellte eine eigene Flotte von Rheinschiffen zusammen, die den ungehinderten Verkehr auf dem Fluss sichern sollte. Zu einem ähnlichen Zusammenschluss zwischen Speyer, Worms und Mainz und weiteren Städten kam es auch im Jahr 1293. Es lässt sich hier erkennen, dass der enge Zusammenhalt, der zwischen den drei SchUM-Gemeinden zu beobachten ist, auch ein Aspekt einer allgemein empfundenen Zusammengehörigkeit dieser Städte war.

Die beiden folgenden Jahrhunderte waren geprägt von den fortwährenden Auseinandersetzungen zwischen verschiedenen Kräften innerhalb der Bürgerschaft. Im Zentrum der Ereignisse stand dabei der Machtkampf um die Ratsbesetzung zwischen den Münzer-Hausgenossen und den Zünften. Die Münzer-Hausgenossen als neues Patriziat der Stadt waren hervorgegangen aus der Verbindung der Elite der bischöflichen Verwaltung mit dem lokalen Adel sowie einflussreichen Kaufmannsfamilien. Der Personenverband erreichte vor allem über ihre faktische Monopolstellung im Geldverkehr eine besondere Machtstellung. In der in den Zünften organisierten Handwerkerschaft entwickelte sich jedoch ein bedeutsamer Gegenpol.

Es ist leicht nachvollziehbar, dass die Situation der jüdischen Bevölkerung unter den geschilderten Voraussetzungen immer schwieriger wurde. Die schrecklichen Ereignisse in der Zeit des großen Pestzuges (→ **Die Kreuzzugsprogrome, S. 23**) bedeuteten zusätzlich einen tiefen Einschnitt. So kam es auch in Speyer mit der Veränderung der rechtlichen Stellung der Juden ab der zweiten Hälfte des 14. Jahrhunderts zu einer Reihe von Ausweisungen und Wiederzulassungen, die letztlich in der Mitte des 15. Jahrhunderts das Ende der traditionsreichen Gemeinde brachte.

Das historische Stadtzentrum

Wer Speyer mit dem PKW anfährt, wird die Stadt in den meisten Fällen über die B 39 erreichen und auf dem Festplatz parken. Von dort aus gelangt man zu Fuß durch den Domgarten oder vorbei am Historischen Museum der Pfalz in das Zentrum der Stadt. Auf dem kurzen Weg sind die Terrassenstufen der flachen Erhebung, auf der Dom und Kernstadt errichtet sind, besonders gut wahrzunehmen. Durch den Höhenunterschied zum Rhein waren bereits die frühesten Siedlungen vor Überschwemmungen geschützt. **(Abb. 4, 5)**

Wer mit dem Zug anreist, nähert sich vom Bahnhof kommend dem Zentrum von Westen und betritt die Kernstadt durch ein mittelalterliches Stadttor, das Altpörtel. Beide Wege führen den Besucher jeweils an ein Ende der Maximilianstraße, die sich als zentrale Hauptachse der historischen Innenstadt zwischen dem Dom im Osten und dem Altpörtel im Westen erstreckt. Das Altpörtel ist einer der ehemals bis zu 68 Türme der mittelalterlichen Stadtbefestigung. Der 1176 erstmals erwähnte Torturm zur Gilgen-Vorstadt war stets einer der prominentesten Zugänge zur Stadt. Der untere Teil des bis heute erhaltenen Gebäudes wurde um die Mitte des 13. Jahrhunderts errichtet, das oberste Geschoss wurde erst später, zwischen 1512 und 1514, aufgesetzt. Das heutige Dach stammt vom Anfang des 18. Jahrhunderts. Eine Ausstellung im ersten Obergeschoss des Turms vermittelt Einblicke in die Geschichte der mittelalterlichen Stadtbefestigung von Speyer. Ein Besuch lohnt sich aber auch wegen des herrlichen Ausblicks auf das Zentrum der Stadt. **(Abb. 6)**

6 *Das Altpörtel ist eines der wenigen Zeugnisse der fast vollständig zerstörten Stadtbefestigung von Speyer*

Das Altpörtel

Der Torbau des Altpörtel ist einer der letzten Reste der mittelalterlichen Stadtbefestigung. Nur durch glückliche Umstände hat es als einer von ganz wenigen Bauten der mittelalterlichen Stadt die verheerende Zerstörung im Pfälzischen Erbfolgekrieg im Jahr 1689 überstanden. Nach der Überlieferung sollen vor allem der Prior und der Konvent des nahegelegenen Karmeliterklosters den Kommandeur der französischen Truppen, Marschall Duras, durch ihr Flehen von der bereits vorbereiteten Sprengung des Torturms abgebracht haben. Die Geistlichen fürchteten, dass ihr Kloster durch die Explosion und Trümmer beschädigt werden könnte. Für den überwiegenden Teil der Speyerer Altstadt hatte das Flehen jedoch keinen Erfolg: Sie wurde dem Erdboden gleichgemacht, selbst Teile des westlichen Langhauses des Speyerer Doms fielen den Zerstörungen zum Opfer. Das rücksichtslose Vorgehen der französischen Truppen und die fast vollständige Zerstörung einer Reihe von Städten, unter ihnen die Reichsstädte Speyer und Worms, im Jahr 1689 sowie von Mannheim und Heidelberg in den folgenden Jahren haben sich tief in das kollektive Gedächtnis des deutschen Südwestens eingegraben und bildeten noch Generationen später einen Nährboden für die nationalistischen Strömungen des 19. Jahrhunderts.

Vom mittelalterlichen Speyer, der Zeit, in der die SchUM-Gemeinden Zentren des jüdischen Geistes- und Wirtschaftslebens im nördlichen Europa waren, ist aufgrund dieser umfassenden Zerstörung obertägig nur wenig Bausubstanz erhalten geblieben. Das berühmteste Gebäude und Wahrzeichen der Stadt ist der als Weltkulturerbe ausgezeichnete Speyrer Dom. **(Abb. 7)**

Der Dom

In der mittelalterlichen Literatur werden mehrere Vorgängerbauten des Speyrer Doms erwähnt. Der erste nachweisliche Dom wurde unter König Dagobert in der Zeit um 636 errichtet. Aus den folgenden Jahrhunderten liegen Nachrichten zu mehreren Um- und Neubauten vor. Reste dieser frühen Bauten wurden aber bisher nicht gefunden. Sie wurden vermutlich bei der Anlage der

7 *Das Wahrzeichen der Stadt Speyer ist der in die Liste des Weltkulturerbes aufgenommene Dom*

großen Kirche Anfang des 11. Jahrhunderts entfernt. Auch ein denkbarer abweichender Standort für den ersten Dom konnte nicht nachgewiesen werden.

Mit der Krönung des Salierkönigs Konrad II. übernahm ein Herrscher die Macht im Reich, der die Region um Speyer gut kannte. Die Familie der Salier hatte seit Generationen ihr Stammland in der Gegend zwischen Speyer, Worms und Mainz mit ihren alten Bischofssitzen. Konrad II. war es auch, der 1025 den Ausbau der Speyrer Doms zur größten Kirche der Christenheit begann. Zum Zeitpunkt seines Todes im Jahr 1039 war die Grabstelle für den König am östlichen Ende des Mittelschiffes fertig gestellt. Sie sollte zur zentralen Grablege der Dynastie werden. Auch Teile im Westen des Kirchenbaus waren zu dieser Zeit bereits errichtet. Seine volle Größe erreichte der Bau allerdings erst bei seiner Fertigstellung im Jahr 1061 unter der Regentschaft König Heinrichs IV. Dieser ließ keine 20 Jahre nach Vollendung große Teile der Kathedrale abbrechen und neu errichten. Der Bau, der schließlich eine Länge von 134 m erreichte, war im Todesjahr des Kaisers fertiggestellt und gehörte in seiner Zeit zu den größten Bauwerken Europas.

„spira fit insignis
Henrici munere regi"
Speyer wird ausgezeichnet
durch die Gaben/Geschenke
des Königs Heinrich
[aus dem Speyrer Evangeliar, 1043–46]

In seiner langen Geschichte wurden nicht weniger als acht deutsche Könige und Kaiser im Speyrer Dom bestattet. Die Gebeine der Herrscher und einer Reihe von königlichen Gemahlinnen ruhen heute in der zu Beginn des 20. Jahrhunderts neu errichteten Gruft.

Die jüdische Gemeinde im mittelalterlichen Speyer

Wann sich Juden im Verlauf des 11. Jahrhunderts erstmals in Speyer niederließen, ist heute unbekannt. Der Zuzug von Juden nach Speyer speiste sich aus verschiedenen Quellen. Zum einen zog es seit dem 10. Jahrhundert Kaufleute, die vor allem im Fernhandel und Bankenwesen tätig waren, aus den prosperierenden Städten in Italien und Frankreich in die Kathedralstädte am oberen Mittelrhein. Im aufstrebenden Speyer mit seinem mächtigen Bischof geschah dies vermutlich schon vor 1084. Die Nähe des Stadtherren zum König und die daraus resultierende häufige Anwesenheit des Hochadels und eines entsprechenden Gefolges hatte sicher einen gesteigerten Bedarf an Fernhandelsgütern zur Folge.

Die Speyerer Bischöfe hatten nach teilweise heftigen Auseinandersetzungen mit der angestammten Herrschaft in der Region, den Grafen des Speyergaus, im Verlauf des 10. Jahrhunderts eine allmähliche Loslösung der Stadt aus deren Zugriff erreicht. Das Bistum besaß seit der Zeit Ottos des Großen das Privileg der Reichsunmittelbarkeit. Otto verlieh Bischof Otger im Jahr 969 auf einem Italien-Feldzug weitreichende Vergünstigungen und Sonderrechte, wie das alleinige Münz- und Steuerrecht. In diese Zeit fällt übrigens auch die Errichtung der ersten Stadtbefestigung, und es be-

Die Kreuzzugspogrome

„Und es geschah am 8. Tag des Monats Ijar (6. Mai 1096), einem Sabbat, da begann das göttliche Gericht über uns zu ergehen, indem die Irrenden und die Städter sich gegen die heiligen Männer, die Frommen des Höchsten, in Speyer erhoben hatten; sie hielten Rat wider sie, sie zusammen in der Synagoge zu ergreifen. Das kam ihnen zu Ohren, so standen sie morgens früh auf, sogar am Sabbat, beteten rasch und verließen die Synagoge. Und als sie (= die Feinde) sahen, dass ihr Plan, sie gemeinsam zu ergreifen, nicht durchführbar war, da erhoben sie sich wider sie und töteten von ihnen elf Seelen. [...] Und es geschah, als Bischof Johann dies hörte, kam er mit großem Heer und stand der Gemeinde von ganzem Herzen bei; er nahm sie in die Gemächer auf und rettete sie aus ihrer Hand. Und er nahm einige von den Städtern und ließ ihnen die Hand abhacken, denn er war ein Frommer unter den Völkern. [...] Und mittels des Königs ließ Bischof Johann die übrige Gemeinde von Speyer in seine befestigten Orte entfliehen."
[Mainzer Anonymus in: MGH Hebräische Texte aus dem mittelalterlichen Deutschland. Bd 1 (Hannover 2005) 536.]

Der in zeitlicher Nähe zu den Ereignissen verfasste Bericht schildert die Ereignisse, die sich im Mai 1096 während des sogenannten Kreuzungspogroms in Speyer ereigneten, aus der Perspektive der Betroffenen.
Auslöser der Ausschreitungen war der Aufruf zum ersten Kreuzzug. Unter dem Eindruck der Eroberung des byzantinischen Kleinasiens durch die Seldschuken sammelte Papst Urban II. Freiwillige, um Byzanz zu Hilfe zu eilen. Der Aufruf, Jerusalem vom muslimischen Joch zu befreien, machte den geplanten Kriegszug für seine Teilnehmer zu einer Bußwallfahrt. Durch Reden aufgestachelt und von einem religiösen Impetus getrieben, machten sich im Jahr 1096 die ersten Kreuzfahrer auf den Weg nach Osten. Die Streitmacht umfasste vier ungeordnete Heerhaufen und setzte sich vor allem aus ärmeren und ungebildeten Bevölkerungsschichten zusammen – der Anteil von Adligen erreichte kaum 10 Prozent der Gesamtzahl.
Der radikalisierte Kreuzfahrermob bezog die Devise von der Vernichtung aller Feinde Christi auch auf die jüdischen Gemeinden, die sie auf ihrem Heerzug antrafen. Nur wenigen Stadtherren wie dem Bischof von Speyer gelang es, die Ausschreitungen einigermaßen einzudämmen. Am Ende waren in Speyer elf Todesopfer zu beklagen. Die anderen SchUM-Städte waren weitaus schlimmer betroffen: In Worms, Mainz und auch in der Umgebung von Köln kam es zu furchtbaren Massakern. Drei der Heerhaufen, die die erste Welle des Kreuzzuges bildeten und für die Ausschreitungen verantwortlich waren, kamen auf ihrem Zug übrigens nur bis Ungarn, der vierte wurde in Kleinasien von den Türken vernichtet.
Dem hier zitierten Bericht ist auch die Information zu entnehmen, dass die Ereignisse sich offenbar in der Vorstadt abspielten, wo Bischof Rüdiger wenige Jahre zuvor den Juden das dauerhafte Wohnrecht verbrieft hatte. Bischof Johann ließ die Juden während der Verfolgung in die befestigte Kernstadt und

stellte unweit des Doms entsprechende Grundstücke für ihre Ansiedlung zur Verfügung. Nach 1096 bildet dort der Judenhof das Zentrum der jüdischen Gemeinde. Die neu errichtete Synagoge wurde 1104 eingeweiht. Es gab jedoch vermutlich weiterhin an anderer Stelle eine zweite Synagoge, und der jüdische Friedhof blieb bis zum Beginn des 16. Jahrhunderts in der Vorstadt Altspeyer.

Die blutigen Verfolgungen, Morde und Zwangstaufen während des ersten Kreuzzuges waren eine einschneidende Erfahrung für die jüdischen Menschen in den rheinischen Städten. Obwohl sich die Gemeinden nach den Pogromen schnell wieder erholten und im 12. Jahrhundert weiter wuchsen, prägte die Verarbeitung dieser Katastrophe die aschkenasische Kultur dauerhaft.

Zu Beginn des zweiten Kreuzzugs 1147 drohten sich die Ereignisse zu wiederholen. In Frankreich wurden in mehreren Städten Juden ermordet. In Deutschland war indes nur Würzburg von schlimmeren Ausschreitungen betroffen. Zurückzuführen ist dies unter anderem auf das Einschreiten Bernhards von Clairvaux, der als einer der Organisatoren des Kreuzzugs versuchte, die Juden zu schützen. Er hielt unter anderem in Speyer eine viel beachtete Rede, die ihre Wirkung offenbar nicht verfehlte.

gann der Aufstieg der Speyerer Bischöfe, deren Bedeutung zuvor im Vergleich zu den Wormser und Mainzer Kirchenfürsten eher nachrangig gewesen war, zu bedeutenden Fürsten im Reich. Zudem war die Epoche zu Beginn des 11. Jahrhunderts insgesamt eine Zeit des Aufschwungs. Vielerorts im Reich machte sich nach der Jahrtausendwende, zu der man weithin das Jüngste Gericht und den Weltuntergang erwartet hatte, ein allgemeines Aufbruchsgefühl bemerkbar. Neben einer Bevölkerungszunahme ist in der Zeit eine deutliche Zunahme umfangreicher Baumaßnahmen zu beobachten.

Die eigentliche Gründung der jüdischen Gemeinde lässt sich auf das Jahr 1084 datieren. In diesem Jahr bot Speyer nach einem verheerenden Brand, der im gleichen Jahr große Teile des Mainzer Judenviertels vernichtet hatte, einer größeren Zahl von Flüchtlingen aus Mainz willkommenen Schutz und Unterkunft – auf ausdrückliche Einladung von Bischof Rüdiger.

Bischof Rüdiger

Unter der Regentschaft des Speyrer Bischofs Rüdiger, genannt Huzmann, (1073–1090) veränderte sich die Stellung der jüdischen Gemeinde in Speyer grundlegend. Rüdiger war erklärter Parteigänger König Heinrichs IV. und erreichte über seine Nähe zum Herrscher eine besondere Machtstellung. Als Stadtherr und Fürst im Speyergau war er die treibende Kraft hinter dem Ausbau der Stadt. Rüdiger rühmt sich in einer Urkunde, er habe die Stadt von einem „Kuhdorf" zur Weltstadt gemacht. Und er hat die Ansiedlung der Juden in entscheidender Weise gefördert, indem er sich zu ihrem Schutzherrn erklärte und ihnen weitreichende Privilegien zusicherte:

Speyer, 13. September 1084.
Ich, Rüdiger, auch Huozmann genannt, Bischof von Speyer.
Als ich den Weiler Speyer in eine Stadt verwandelte, glaubte ich die Ehre unseres Ortes noch zu vergrößern, wenn ich die Juden vereinigte. Ich brachte sie darauf außerhalb der Gemeinschaft und des Zusammenwohnens mit den übrigen Bürgern, und damit sie durch den Übermut des Viehs nicht beunruhigt würden [*], umgab ich sie mit einer Mauer. Ihren Wohnplatz habe ich auf gerechte Weise angeschafft, den Hügel nämlich zuerst teils durch Geld, teils durch Tausch, das Tal erhielt ich von [einigen] Erben als Geschenk. Jenen Ort, sage ich, übergab ich ihnen unter der Bedingung, dass sie jährlich drei und ein halbes Pfund Speyerschen Geldes zum gemeinsamen Verbrauch der Klosterbrüder zahlen. Innerhalb ihres Wohnplatzes und außerhalb bis zum Schiffshafen und in dem Schiffshafen selbst gab ich ihnen das Recht, Gold und Silber frei zu wechseln und alles Beliebige zu kaufen und zu verkaufen, und eben dieselbe Freiheit gab ich ihnen durch die ganze Stadt. Außerdem gab ich ihnen vom Besitztum der Kirche einen Begräbnisplatz mit erblichem Rechte. Auch gestattete ich, daß ein fremder Jude, der sich bei ihnen vorübergehend aufhalten wird, keinen Zoll zu zahlen habe; sodann daß, wie der Stadtvogt unter den Bürgern, ihr Erzsynagog [Gemeindevorsteher] Klagen, die zwischen oder gegen Juden erhoben werden, zu entscheiden habe. Ist dieser aber den Streit beizulegen nicht imstande, so soll die Sache vor den Bischof oder seinen Kämmerer gebracht werden. Nächtliche Wachen, Verteidigungen, Befestigungen haben sie bloß innerhalb ihres Gebietes zu verrichten, die Verteidigungen aber gemeinsam mit den Sklaven; Ammen und Knechte auf Miete können sie von den Unsrigen haben, geschlachtetes Vieh können sie, wenn es ihnen nach ihrem Gesetze zu essen nicht erlaubt ist, an Christen verkaufen, und den Christen ist es zu kaufen erlaubt. Endlich als Gipfel meines Wohlwollens habe ich ihnen Gesetze verliehen, die besser sind, als sie das jüdische Volk in irgendeiner Stadt des Deutschen Reiches besitzt.
Damit diese Vergünstigung und Verleihung keiner meiner Nachfolger verringern oder sie zu größerer Abgabe zwingen möchte, als ob sie diesen Zustand sich widerrechtlich zugeeignet und nicht von einem Bischof empfangen hätten, habe ich diese Urkunde über obige Vergünstigung ihnen als sicheres Zeugnis hinterlassen. Und damit das Andenken dieser Sache durch die zeitlichen Jahrhunderte bleibe, habe ich sie durch eigenhändige Unterschrift bestätigt und durch die Beifügung meines Siegels, wie unten zu sehen ist, bezeichnen lassen."

[Nach: Julius Höxter (Hg.): Quellenbuch zur jüdischen Geschichte und Literatur, III. Teil: Deutschland, Frankreich und Italien im Mittelalter, Frankfurt a.M. (Kauffmann) 1927, 15ff.]

[*] Es gibt zu dieser Urkunde eine interessante Diskussion in der Wissenschaft. In der Bedeutung eines Wortes, dessen Lesart zwischen *pecoris* = Vieh und *peioris* = Pöbel variiert, lässt sich ein entscheidender Unterschied in der Deutung festmachen. Über lange Zeit hat man die letztere Lesung bevorzugt und diese im Vorgriff der Kreuzzugspogrome von 1096 als Hinweis auf die in der Bevölkerung vorhandene Judenfeindlichkeit verstanden. Die neuere Forschung hat die Lesung des Wortes als „Vieh" bevorzugt und deutet die Stelle im Zusammenhang mit der Lage des ersten Judenviertels in der noch unbefestigten Vorstadt Alt-Speyer. Ganz sicher ist die Ummauerung der Siedlung noch nicht als eine Ghettoisierung der jüdischen Bevölkerung zu sehen. Die Absicht des Bischofs, das Ansehen der Stadt Speyer durch die Ansiedlung von Juden zu mehren, ließe sich wohl kaum mit dieser Vorstellung verbinden. Vielmehr handelte es sich dabei um eine Maßnahme der Stadtentwicklung.

Um die Zusammenhänge in der hochmittelalterlichen Gesellschaft richtig darzustellen und Quellentexte wie die Urkunde Bischof Rüdigers richtig zu interpretieren und zu verstehen, muss eine Rückübertragung von Vorstellungen aus der Zeit der Judenverfolgung des Spätmittelalters oder gar der jüngeren Vergangenheit möglichst vermieden werden. Vor 1096 hat es vermutlich überhaupt keine systematische Judenverfolgung gegeben. Das Mittelalter mit seiner hochkomplexen Herrschafts- und Rechtsordnung kennt viele mit besonderen Rechten und Pflichten ausgestattete Bevölkerungsgruppen. Tatsächlich machte das Privileg Bischof Rüdigers die jüdische Gemeinde in Speyer zu einer Gemeinde mit eigener Verfassung und autonomen Rechten. Ihre Mitglieder unterlagen einer eigenen Verwaltung und Rechtsprechung.

Offenbar lebte der größte Teil der jüdischen Bevölkerung zunächst, wie in der Urkunde ausgeführt, in der nordwestlichen Vorstadt von Speyer, die auf einem Höhenzug entlang des Speyerbachs lag. Es gibt allerdings Anzeichen, dass auch bereits vor 1096 Juden in der Kernstadt wohnten. **(Abb. 8)**

Das Judenviertel von Speyer

Das neue Judenviertel entstand inmitten des Speyerer Kernstadt. Zwischen der heutigen Judengasse im Westen und der Kleinen Pfaffengasse befand sich das Zentrum des Viertels mit seinen öffentlichen Bauten. **(Abb. 9)** Wesentliche Teile der Synagoge von 1104 und der später angebauten „Frauenschul" konnten bei Ausgrabungen freigelegt und für den Besucherverkehr erschlossen werden. In ganz außergewöhnlich gutem Erhaltungszustand befindet sich das ebenfalls wieder zugänglich gemachte Ritualbad, die Mikwe. Neben Synagoge und Mikwe gab es weitere öffentliche Gebäude im sogenannten Judenhof. Mittelalterliche Texte sprechen von einem beheizten Badehaus, einem Backhaus und einem Tanzhaus genannten Versammlungshaus der jüdischen Gemeinde. Allerdings ist die genaue Lage dieser Gebäude (noch) nicht festgestellt – ebenso wenig wie die des vermutlich vorhandenen Schlachthauses und eines als wahrscheinlich anzunehmenden Hospitals. Letzteres diente vor allem der Unterbringung jüdischer Reisender und war in größeren jüdischen Gemeinden üblich. In das Zentrum des jüdischen Viertels, das sich um zwei Plätze, den Großen und den Kleinen Schulhof gruppierte gelangte man durch Tore in der heutigen Kleinen Pfaffengasse und der heutigen Judengasse. Ein abgeschlossenes jüdisches Wohnviertel gab es – wie auch sonst in den Städten des Heiligen Römischen Reichs – bis ins Spätmittelalter in Speyer offenbar nicht. Wie eine Untersuchung zur Benennung der einzelnen Grundstücke und Parzellen in der histo-

▬ heutige Bebauung	❶ Dom St. Maria und St. Stephan
▬ Sakralbauten	❷ Wohngebiet mit hohem jüdischen Bevölkerungsanteil
— mittelalterliche Stadtmauern	❸ Zentrum der jüdischen Gemeinde mit Synagoge und Mikwe
— spätmittelalterliche/frühneuzeitliche Stadterweiterungen	❹ „Judenturm" (1384) der Stadtmauer
	❺ Gebiet der „villa Spira" (Altspeyer)
	❻ vermutete Judensiedlung in Altspeyer
	❼ vermutete Judensiedlung in der Stadt
	❽ bis ca. 1500 Bereich des jüdischen Friedhofs („Elendherbergsacker" des 18. Jahrhunderts)

8 *Der Stadtplan zeigt die beiden jüdischen Siedlungsschwerpunkte in Speyer*

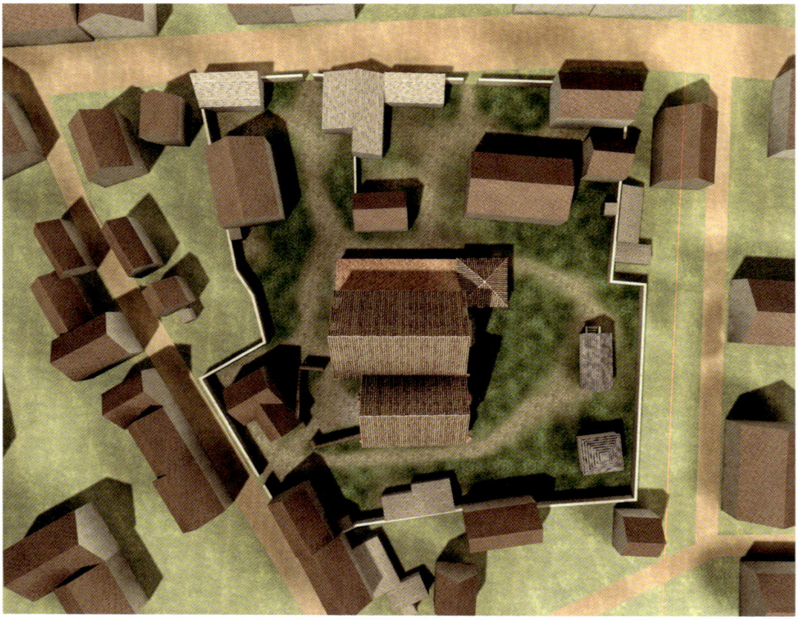

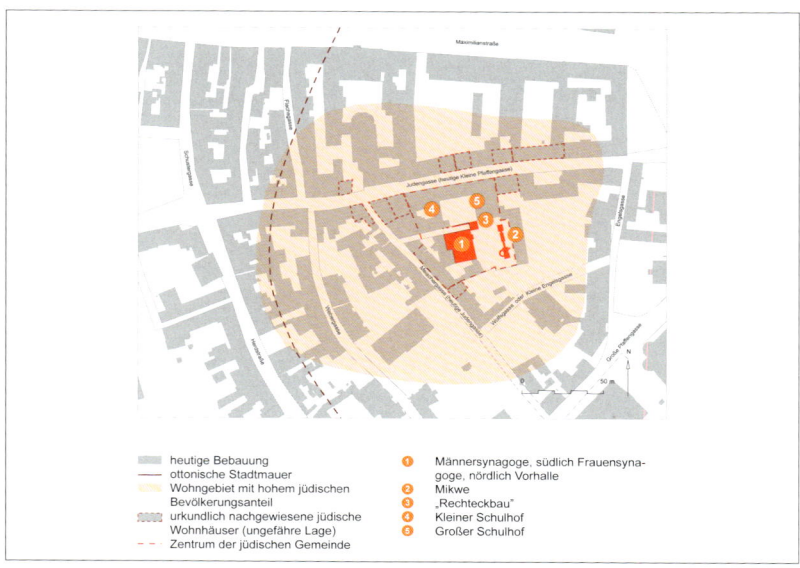

9 *Die Rekonstruktion veranschaulicht den Zustand des Judenhofs zu Beginn des 14. Jahrhunderts. In der Bildmitte die Synagoge*

Maximilianstraße
Fischgasse
Schustergasse
Judengasse (heutige Kleine Pfaffengasse)
Engelsgasse
Webergasse
Wolfsgasse oder Kleine Engelsgasse
Große Pfaffengasse
1
2
3
4
5
N
0
50 m
heutige Bebauung
ottonische Stadtmauer
Wohngebiet mit hohem jüdischen Bevölkerungsanteil
urkundlich nachgewiesene jüdische Wohnhäuser (ungefähre Lage)
Zentrum der jüdischen Gemeinde
1 Männersynagoge, südlich Frauensynagoge, nördlich Vorhalle
2 Mikwe
3 „Rechteckbau"
4 Kleiner Schulhof
5 Großer Schulhof

10 *Die Analyse der Besitzernamen zeigt, dass um den Judenhof Christen und Juden in enger Nachbarschaft lebten*

11 Der alte jüdische Friedhof von Speyer wurde bereits am Ende des Mittelalters zerstört. Einige der Grabsteine sind jedoch im Museum SchPIRA zu sehen

rischen Überlieferung belegen konnte, lebten Christen und Juden um den Judenhof herum in enger Nachbarschaft. **(Abb. 10)**

Der heutige Besucher betritt das Gelände des Judenhofs über das Gebäude in der kleinen Pfaffengasse 20–21. Das „Museum SchPIRA" bildet den Auftakt für eine Besichtigung. Das städtische Museum zeigt in drei Räumen bedeutende archäologische Funde aus den Gebäuden des ehemaligen Judenhofs sowie vom Friedhof der mittelalterlichen jüdischen Gemeinde. **(Abb. 11)**

Der ehemalige Friedhof

Neben der Synagoge und den weiteren Gemeindebauten ist es vor allem der Friedhof, der eine jüdische Gemeinde auszeichnet. Ohne Friedhof gilt eine jüdische Ansiedlung nicht als „Gemeinde", die Friedhöfe der SchUM-Gemeinden dienten auch den Juden in der Umgebung als Begräbnisplatz (→ **Bestattung und Tod bei den Juden, S. 91**).

Den Speyrer Juden war bereits 1084 durch Bischof Rüdiger ein Areal in der Nähe des heutigen Bahnhofs im Bereich der Vorstadt Altspeyer zur Nutzung als Friedhof zur Verfügung gestellt worden. Der Friedhof blieb auch in den folgenden Jahrhunderten an dieser Stelle. Mit dem Erlöschen der jüdischen Gemeinde gegen Ende des 15. Jahrhunderts wurde das Gelände allerdings von der christlichen Bevölkerung in Beschlag genommen und zweckentfremdet. Die nach der jüdischen Vorstellung ewige Ruhestätte der Toten wurde eingeebnet, die Grabsteine als Baumaterial verwendet und das Gelände schließlich teilweise bebaut. Einige der Grabsteine wurden in späterer Zeit wiedergefunden und sind bis heute erhalten. Beispielsweise wurde eine ganze Reihe von Grabsteinen beim Abriss der Salzturmbrücke aus dem 15. Jahrhundert im Jahr 1908 wiederentdeckt. Durch die häufig umfangreichen und kunstvollen hebräischen Grabinschriften auf den Steinen lassen sich einzelne Personen aus der jüdischen Gemeinde identifizieren, und manchmal gewähren sie direkte Einblicke in das Leben im mittelalterlichen Speyer.

Der älteste erhaltene Grabstein aus Speyer, der heute im Museum SchPIRA zu betrachten ist, wurde für Isaak, den Sohn des Menachem, aufgestellt, der nach christlicher Zeitrechnung am 2. August 1112 verstarb. Ein anderes Grabmonument ist einer weithin bekannten Persönlichkeit zuzuordnen: Der gelehrte Mäzen *Baruch ben* (Sohn des) *Elieser* starb am 11. März 1365 in Speyer. **(Abb. 12)** In der kunstvollen Grabinschrift wird an seine Fürsorge für die Überlebenden der „Zeit des Zorns", des Pestpogroms von 1349, erinnert:

12 *Grabstein des Baruch aus dem Jahr 1365*

*Dieses Zeichen (steht) zu Häupten eines tüchtigen Mannes, reich
an Werken, ein Mann der Tora, der in ihren Zelten
weilt. Und in Zeiten des Zornes gelang
sein Handeln, und durch ihn gab der Ewige, gesegnet sei er, dem Volk,
das dem Schwert entrannt, Rettung, und er bestimmte
den Bedürftigen Speise und Getreide, und sein Haus
war offen wie die Wüste, ein Mann, der alles
(Gute) in sich (vereint), der geehrte Stifter, Herr Baruch, Sohn des Herrn Elieser,
der verschied mit gutem Namen in der Nacht des Dienstags 16.
des Ersten Adar des Jahres 125
der Zählung. Es sei der Wille (Gottes), dass ihm eine die Welt, die ganz
Wohlergehen ist,
beschieden sei, ihm und ganz Israel, Amen.*

[Übersetzung: Dan Bondy/Michael Brocke]

Das Pestpogrom von 1349

Die Pestpandemie von 1347 bis 1350 gilt in vielen Bereichen als ein entscheidender Wendepunkt in der europäischen Geschichte. Die erstmals im Jahr 1347 aus Mittelasien über Genua nach Europa gelangte Seuche breitete sich in den folgenden beiden Jahren nach Frankreich, Spanien, England, in die Niederlande und nach Deutschland aus. Bei ihrem ersten Auftreten starben nach heutiger Schätzung ca. 30 Prozent der Bevölkerung. Nach 1349 verging in Zentraleuropa kein Jahr ohne zumindest lokal auftretende Pestepidemien. Man kann davon ausgehen, dass bis zur Mitte des 15. Jahrhunderts die Bevölkerung, gemessen an den Zahlen vor 1348, auf weniger als die Hälfte zurückging.

Neben den wirtschaftlichen Folgen des Bevölkerungsrückgangs waren auch die psychologischen Auswirkungen der verheerenden Pandemie tiefgreifend. In den historischen Berichten wird vor allem die allgemeine Hilflosigkeit gegenüber den Ereignissen greifbar. Die historischen Aufzeichnungen klagen darüber hinaus über Sittenverfall, Ausschweifungen und Exzesse, die die Pestausbrüche begleiteten. Eine für die mittelalterliche Gesellschaft fundamentale Erfahrung dürfte das Aufbrechen der Familienverbände gewesen sein. Unter dem Eindruck der Krankheit wurde vielfach selbst den nächsten Angehörigen die Fürsorge verweigert, auf die doch jeder in besonderem Maße angewiesen war. Da sich die Menschen im Mittelalter den Ursprung und die Übertragungswege dieser bakteriellen Infektion nicht erklären konnten, wurde das Auftreten der Krankheit verbreitet als Strafe Gottes interpretiert. In der Bevölkerung hatten Bewegungen wie die der Flagellanten, die eine Erlösung in der Selbstbestrafung suchten, großen Zulauf. Die Reaktionen der weltlichen und geistlichen Herren nahmen sich ebenfalls hilflos aus. Häufig verlegte man sich auf das Kaschieren der tatsächlichen Verhältnisse. Leichen wurden nur noch nachts abtransportiert, die Räder der Leichenkarren mit Stoff umwickelt. Das Läuten der Totenglocken wurde untersagt.

Der Pestzug von 1349 und die dadurch ausgelöste schlimmste Pogromwelle des Mittelalters stellte für die Beziehungen zwischen Juden und Christen eine grundlegende Wende dar. Auf der Suche nach den Ursachen für die fürchterliche Krankheit suchte man vielerorts die Schuld bei den Juden, gegen die bereits zahlreiche Vorbehalte und religiöse Vorurteile vorhanden waren. Nun bezichtigte man sie der Brunnenvergiftung oder man interpretierte die Pest als Strafe Gottes, weil die Christen es zuließen, dass Juden in ihren Städten wohnten. Mit der fortschreitenden Ausbreitung der Pest kam es zunächst in Frankreich zu Ausschreitungen gegen Juden. Anfang des Jahres 1349 wurden in Basel und kurz darauf in Freiburg Juden verbrannt. Über Straßburg erreichte die Welle der Ausschreitungen am 22. Februar 1349 Speyer. Anders als nach den Kreuzzugsverfolgungen, in deren Zusammenhang es in den Jahren 1096, 1146 sowie 1190 zu Ausschreitungen und Morden an Juden gekommen war, sollte sich das Verhältnis nach den Pestjahren dauerhaft verändern. Auch wenn man nach außen hin in der Folge zu einer scheinbaren Normalität zurückkehrte, war nichts mehr wie zuvor.

13 Die großen Pest-Pandemien in der Mitte des 14. Jahrhunderts zogen in ganz Europa Judenverfolgungen nach sich. Viele Juden versuchten vergeblich, zu fliehen und ihren Besitz zu retten, wie der Schatzfund von Lingenfeld nahe Speyer belegt

Wie bedrohlich die Lage für viele Juden und Jüdinnen in dieser Zeit war, zeigen verschiedene archäologische Fundkomplexe, von denen einer im „Museum SchPIRA" zu besichtigen ist. Ein Konvolut kostbarer Gegenstände, die bei einer Ausgrabung in Lingenfeld geborgen werden konnten, ließ sich als das Vermögen eines jüdischen Bankiers aus Speyer identifizieren. Der Schatzfund umfasst insgesamt 2.369 Münzen, die überwiegend aus Speyerer Prägung stammen. Da die jüngsten Exemplare noch vor dem Pestjahr 1349 geprägt wurden, kann der Fund präzise datiert werden. Der sogenannte Schatz von Lingenfeld und ähnliche Funde in Köln, Münster oder Erfurt zeigen eindringlich, wie die Menschen verzweifelt versuchten, Verfolgung und Pest zu entkommen und ihr Eigentum zu sichern. In vielen Fällen war dies aber offenbar vergeblich. **(Abb. 13)**

Neben dem Schatzfund von Lingenfeld und verschiedenen Grabsteinen sind im Museum SchPIRA Architekturfragmente zu besichtigen, die den öffentlichen Gebäuden im Judenhof zuzuordnen sind und thematisch in den Außenbereich überleiten.

Judenhof

In den letzten Jahren konnten die Reste der zentralen öffentlichen Gebäude der mittelalterlichen jüdischen Gemeinde in Speyer archäologisch untersucht und für die Öffentlichkeit erschlossen werden, nachdem es der Stadt Speyer gelungen war, mehrere Parzellen im Bereich des ehemaligen Judenhofs anzukaufen. Die Synagoge und das Ritualbad sind für Besucher zugänglich und durch Informationstafeln erschlossen.

In das Freigelände gelangt man durch den hinteren Ausgang des Museums SchPIRA. Von der etwas erhöhten

14 Die Rekonstruktion zeigt die Nordostecke der Synagoge von Speyer. Im Vordergrund das Lehrhaus und die Vorhalle

15 An der östlichen Außenwand der Synagoge sind die Spuren ihrer langen Baugeschichte abzulesen

16 Das kleine Doppelfenster stammt aus der Westwand des 1104 eingeweihten ersten Baus der Synagoge

Terrasse des Museums öffnet sich der Blick auf das Bauensemble der Synagoge und der Frauenschul. Direkt unterhalb der Museumsterrasse verlief die mittelalterliche Judenbadgasse, deren südliche Begrenzung die Synagoge bildete. Wie der gesamte Innenstadtbereich fiel auch dieses Areal im Jahr 1689 den Zerstörungen im Zusammenhang mit dem Pfälzischen Erbfolgekrieg zum Opfer. In der Folgezeit wurde das Gelände neu bebaut. Der heutige Straßenverlauf geht auf diese Neuordnung des Viertels zurück. Beim Wiederaufbau im 18. Jahrhundert nutzte man jedoch die stehengebliebenen Reste der mittelalterlichen Gebäude. So wurde die Ostfassade der Synagoge in ganzer Länge in die neuen Gebäude integriert. Sie blieb als sichtbares Zeichen des ehemaligen Judenhofs immer vorhanden. Aber erst durch die archäologischen Ausgrabungen zwischen 1965 und 1968 sowie 2001 konnte festgestellt werden, dass sich noch weit mehr Spuren der alten Gebäude im Untergrund erhalten hatten. Durch die Freilegung und Sicherung der Mauern lässt sich heute wieder ein räumlicher Eindruck von der Baulichkeiten gewinnen. **(Abb. 14, 15)**

Synagoge

Direkt gegenüber der Museumsterrasse ist die 1104 geweihte Männersynagoge zu sehen. Sie bildete für etwa 400 Jahre das Zentrum der jüdischen Gemeinde in Speyer. Gut zu erkennen ist links oben in der Ostwand der Synagoge ein kleines rundes Fenster. Es gehört, wie auch die größten Teile der Ostwand selbst, noch zu der ältesten Bauphase vom Anfang des zwölften Jahrhunderts. Die Doppelbogenfenster in der Ausstellung können ebenfalls dieser Bauphase zugeordnet werden. Sie stammen aus der Westwand der Synagoge und wurden erst 1899 im Zusammenhang mit Bauarbeiten entnommen. **(Abb. 16)** Inwieweit der Bau während des Pogroms von 1195 nach einer Ritualmordbeschuldigung beschädigt wurde, ist nur schwer zu ermessen. Eine hebräische Quelle berichtet, dass die 1104 errichtete Synagoge von Christen niedergebrannt wurde. König Heinrich VI. (1165–1197) ließ die Täter jedoch ergreifen und zwang sie, die Synagoge wieder aufzubauen.

Das größere Rundfenster in der Ostwand, von dem sich am oberen Abschluss der Wand noch ein Teil der Maueröffnung und Maßwerkreste erhalten haben, stammt ebenso wie die beiden rechteckigen großen Fenster mit den Sandsteineinfassungen in der Außenschale der Wand von einem gotischen Umbau der Synagoge im 13. Jahrhundert. Auf der dem Betrachter zugewandten Innenseite der Ostwand sind diese Fenster allerdings in späterer Zeit erneut verändert worden. Die Zusätze aus dem 15. oder 16. Jahrhundert un-

Synagoge

Versammlungs- und Gebetsräume gab es im Judentum schon zu der Zeit, als der Salomonische Tempel in Jerusalem, das kultische Zentrum des Judentums, noch stand. Nach der Zerstörung des Zweiten Tempels durch die Römer im Jahr 70 n.Chr. wurden diese Räume dann zum wichtigsten Mittelpunkt des jüdischen Gemeindelebens. Im Hebräischen wird der Versammlungsraum *Bet ha-Knesset* genannt, im Griechischen *Synagoge*. In lateinischen Texten wurde das Wort *Schola* verwendet, und dementsprechend hieß die Synagoge auf Jiddisch, der Sprache der askenasischen Juden, *Schul*.

Im Gegensatz zur christlichen Kirche ist die Synagoge kein geweihter Raum. Es ist die Anwesenheit einer oder mehrerer Thorarollen, die einen Raum zur Synagoge machen. Allerdings empfanden die aschkenasischen Juden im Mittelalter ihre Synagogen durchaus als „sakrale" Räume und statteten sie dementsprechend aus.

Ein öffentlicher Gemeindegottesdienst kann nur dann stattfinden, wenn die vorgeschriebene Anzahl von mindestens zehn volljährigen männlichen Gemeindemitgliedern erreicht ist. Einer der Anwesenden übernimmt die Rolle des Vorbeters, im Hebräischen auch *Schaliach Zibbur* („Abgesandter der Gemeinde") genannt. Die Funktion des Kantors oder Vorbeters kann grundsätzlich jedes männliche Gemeindemitglied ausüben, in den SchUM-Gemeinden wurde diese ehrenvolle Aufgabe aber meist von besonders gelehrten Persönlichkeiten übernommen. An den Wochentagen wird dreimal öffentlich gebetet: am Morgen, am Nachmittag sowie (direkt daran anschließend) am Abend. Am Schabbat und an den Feiertagen kommen weitere Gebetszeiten hinzu.

Die Synagoge soll zwar nach den religiösen Vorschriften die anderen Gebäude überragen und erhöht stehen, diese Forderung konnte aber in den Ländern der jüdischen Diaspora, auch in den SchUM-Gemeinden, nicht oder nur eingeschränkt befolgt werden. In Aschkenas wurden die Synagogen häufig im Zentrum der jüdischen Ansiedlungen an einem Hof errichtet und zeichneten sich selten durch auffällige Schaufassaden aus. Der Innenraum einer Synagoge ist gegenüber der Umgebung häufig etwas abgesenkt, entsprechend Psalm 130,1: „Aus der Tiefe rufe ich, HERR, zu dir". Der Thoraschrein (*Aron ha-Kodesch*) befindet sich in den europäischen Synagogen an der Ostwand der Synagoge, die die Richtung nach Jerusalem anzeigt, und wird von einem aufwändig gestalteten Vorhang, dem sogenannten *Parochet* bedeckt. In einer von einer Gemeinde genutzten Synagoge brennt hier auch ein ewiges Licht (*Ner Tamid*). Die *Bima* (auch *Almemor* genannt), das Vorlesepult für die Lesung der Thora, steht in den mittelalterlichen Synagogen üblicherweise in der Mitte des Raums. Aufgrund des biblischen „Bilderverbots" (Exodus 20,1–5), das viele unterschiedliche Auslegungen fand, gibt es in Synagogen zumeist nur ornamentale Verzierungen, aber auch Tierdarstellungen oder kalligraphisch gestaltete Texte als Schmuck.

> Eine Besonderheit mittelalterlicher Synagogen in Deutschland sind die Frauensynagogen (*Frauenschul*), die seit dem frühen 13. Jahrhundert in den SchUM-Gemeinden an die Männersynagogen angebaut wurden. Teils waren sie durch Schallöffnungen mit der Männersynagoge verbunden, teils aber auch ganz getrennt. Durch Grabinschriften sind eine Reihe gelehrter jüdischer Frauen der SchUM-Gemeinden namentlich bekannt, die als Vorbeterinnen fungierten.

terscheiden sich deutlich von dem viel regelmäßigeren Mauerwerk der alten Synagoge. Eine weitere Veränderung an der östlichen Giebelwand ist in der Mitte unter dem kleinen Rundfenster zu erahnen. Durch die weniger sorgfältig ausgeführte Mauertechnik zeichnet sich eine 3,5 m hohe schmale Maueröffnung ab, die später geschlossen wurde. Es handelt sich hier ursprünglich um die Nische für den als *Aron ha-Kodesch* („Heilige Lade") bezeichneten Thoraschrein. **(Abb. 17)**

Die Nische war zum Innenraum durch architektonische Zierglieder betont. Nach den Ergebnissen der Ausgrabung führte eine Treppenanlage, deren Wangen noch teilweise erhalten sind, zur eigentlichen Nische hinauf. Die Öffnung war durch eine architektonische Ordnung mit einem auskragenden Giebel geschmückt. **(Abb. 18)** Die Reste eines Gesimses zu beiden Seiten der Thoranische, das sich in ca. 2 m Höhe über die gesamte Ostwand und jeweils ein Stück auf die Längswände erstreckte, kann man mit einiger Mühe auch heute noch als dunklen Streifen im Mauerwerk erkennen.

Während der Ausgrabungen konnten Teile des Steinplattenbodens der ersten Synagoge freigelegt werden. Eine Unregelmäßigkeit im Bodenbelag in der Mitte des Raumes kennzeichnet

17 In der Männersynagoge sind an der Ostwand noch die Spuren der später vermauerten Thoranische und eines umlaufenden Gesimses zu erkennen

18 Bei Ausgrabungen geborgene Architekturfragmente lassen sich der Thoranische zuordnen

19 Der originale Bodenbelag ist in der Männersynagoge in großen Bereichen erhalten. Gut zu erkennen ist der in späterer Zeit ausgeflickte Bereich, wo ursprünglich die Bima stand

20 Die rekonstruierte Sitzbank in der Frauenschul. In der Männersynagoge gab es ebenfalls umlaufende Bänke an den Außenwänden

21 *In Ausgrabungen konnten Fragmente der Bauplastik des Gründungsbaus vom Anfang des 12. Jahrhunderts geborgen werden*

22 *Kleine Öffnungen in der Wand zur Synagoge ermöglichten es den Frauen, von ihrem Betraum aus akustisch am Gottesdienst teilzunehmen*

dabei den Standort der Bima. **(Abb. 19)** An anderer Stelle ließen sich Hinweise auf eine umlaufende Sitzbank erschließen. **(Abb. 20)**

Weitere Architekturfragmente, die bei den Grabungen geborgen wurden, gehörten wohl zur Innenausstattung des Synagogenraums. Das im Museum SchPIRA gezeigte kleine Würfelkapitell würde gut zur Einfassung der Thoranische passen, eine eindeutige Zuordnung ist aufgrund der Grabungsergebnisse jedoch nicht möglich. Das Würfelkapitell zeigt ähnliche stilistische Merkmale wie die Steinmetzarbeiten, die zeitgleich in der Dombauhütte gefertigt wurden. Es erinnert daran, dass oft die gleichen Handwerker, die an den christlichen Kirchen tätig waren, auch am Bau der Synagogen beteiligt waren. **(Abb. 21)**

Die Längswände des ursprünglichen Baus wurden später weitgehend abgetragen. Die heute sichtbaren Mauerreste an dieser Stelle stammen überwiegend von den zwei Wohnhäusern, die in der Neuzeit in den Ruinen der Synagoge errichtet wurden. Die Gebäude des Judenhofs befanden sich ab 1490 in städtischem Besitz und wurden seit der ersten Hälfte des 16. Jahrhunderts als Arsenal oder Zeughaus genutzt. Leider ist durch die genannten Umbauten auch der ursprüngliche Zugang zur Männersynagoge in der Wand zur Judenbadgasse verschwunden. **(Abb. 23, 24)** In der südlichen, vom Betrachter aus gesehen hinteren, Längswand des Baus sind noch die ersten zwei einer Reihe von gleichartigen Maueröffnungen erhalten. Tatsächlich stellen diese schmalen Fenster die Verbindung zum Innenraum der angrenzenden Frauenschul her. **(Abb. 22)**

Frauenschul

In der Mitte des 13. Jahrhunderts errichtete die stark angewachsene jüdische Gemeinde für die Frauen eine eigene Synagoge, die Frauenschul. Die Fensteröffnungen ermöglichten es den Frauen, akustisch am Gottesdienst teilzunehmen, ohne den Betraum mit den Männern zu teilen. In der Trennwand zwischen beiden Gebäuden gab es neben

23 Die Fotomontage zeigt eine Rekonstruktion des Innenraums der Synagoge und der zerstörten Eingangsseite. Im Zentrum die Bima. Die heutige Treppenanlage dient zur Orientierung

24 Der flachgedeckte Innenraum der Synagoge war schlicht gehalten. Nur die Thoranische im Osten und die Bima in der Mitte des Raumes waren mit Architekturschmuck versehen (virtuelle Rekonstruktion)

25 Tonfliese aus der Frauenschul in Speyer

den wahrscheinlich sechs Schallöffnungen noch eine schmale Verbindungstür zu rituellen Zwecken. **(Abb. 26)**

Die Innenausstattung der Frauenschul war recht einfach gehalten. Bei den Ausgrabungen konnte nur eine – vermutlich vollständig umlaufende – Sitzbank in dem Raum nachgewiesen werden: Auf einem gemauerten Sockel und an den Wänden ließen sich noch die Befestigungspunkte für die hölzernen Sitzflächen und die Rückenlehne nachweisen. Anders als in der Männersynagoge war der Boden nicht mit einem Steinpflaster belegt, sondern mit ornamental verzierten Tonfliesen ausgestaltet. Neben einfachen Kreisbogenornamenten kommen auch stilisierte Darstellungen zum Beispiel von Lilien oder Löwen auf den Bodenfliesen vor. Einige Beispiele sind im Museum zu betrachten. **(Abb. 25)**

Wie schon bei der Männersynagoge ist auch in der Frauenschul durch die späteren Umbauten nur wenig von den Längsseiten des Baus erhalten. In der

26 Verzierte Tonfliesen bildeten den Bodenbelag in der Frauenschul. Später wurde der Raum mit einem Gewölbe ausgestattet (virtuelle Rekonstruktion)

27 Beim Einbau eines Gewölbes musste das ursprüngliche Fenster in der Ostfassade der Frauenschul geschlossen werden (virtuelle Rekonstruktion)

28 In einer weiteren Bauphase wurden zwei neue Fenster in den Gewölbeachsen angelegt (virtuelle Rekonstruktion)

29 Das heutige Geländeniveau im Judenhof liegt deutlich höher als in Mittelalter. Ursprünglich gelangte man ebenerdig zum ersten Portal der Mikwe

stark veränderten westlichen Giebelwand sind noch Spuren des ursprünglichen Zugangs zu entdecken. Dem Baustil der Epoche entsprechend war das zentrale Fenster der Ostwand spitzbogig ausgeführt. Dieses Fenster war allerdings nicht lange in Funktion. Noch in der ersten Hälfte des 14. Jahrhunderts zog man an Stelle der ursprünglichen Holzbalkendecke des Raumes ein Gewölbe ein. Im Zusammenhang mit diesen Umbauten wurde auch das zentrale Fenster in der Ostwand durch zwei neue Öffnungen in den Gewölbeachsen ersetzt. Die Außenmauern des Baus mussten für die Einwölbung mit Strebepfeilern verstärkt werden. Im Innenraum sind Reste der Widerlager des vermutlich farbig gefassten Gewölbes erhalten. **(Abb. 27, 28)**

Für die zweite Hälfte des 13. und die erste Hälfte des 14. Jahrhunderts kann man im gesamten Bereich des Judenhofs umfangreiche Baumaßnahmen feststellen. Die meisten Gebäude wurden in dieser Zeit umgebaut oder erneuert. Auch die Männersynagoge wurde überarbeitet und erhielt im Osten die bereits erwähnten Doppelfenster zu beiden Seiten der Thoranische sowie das große Rundfenster. Ein Pendant dazu wurde an der westlichen Giebelwand eingefügt. Auffällig ist der Wechsel im Baumaterial: Anders als in den früheren Bauphasen verwendete man in großem Umfang Backstein statt Sandstein. Nur wenige Architekturglieder, wie das Maßwerk der Fenster, wurden weiterhin aus Werkstein gefertigt.

Vollständig aus Backsteinen errichtet wurde auch ein kleiner quadratischer Anbau im Nordosten der Synagoge. Der gewölbte Raum bildete mit der Vorhalle der Synagoge den Abschluss der Juden-

30 Der eigentliche Eingang zum Ritualbad wird durch ein wuchtiges romanisches Portal markiert, einst verschlossen durch eine zweiflügige Tür

badgasse. Die Funktion des Baus war aus den Ergebnissen der archäologischen Ausgrabungen nicht direkt zu erschließen. Vermutlich ist er als *Jeschiwa*, also als Lehrhaus, oder als Versammlungsraum zu deuten. **(Abb. 66)**

Mikwe
Auf der Freifläche östlich der Synagoge befindet sich unter dem großen gläsernen Schutzdach der Zugang zum mittelalterlichen Ritualbad des Speyerer Judenhofs. Die Anlage hat die Zeiten seit ihrer Errichtung um 1120 erstaunlich unversehrt überdauert. Sie ist die älteste und größte noch erhaltene Mikwe in Europa. **(Abb. 29)**

Eine neuzeitliche Treppe führt hinunter zum ursprünglichen Eingang der Badeanlage. Der Bau gliedert sich in drei Hauptteile. Den ersten Komplex, ein Treppenhaus, betritt man durch ein monumentales romanisches Portal. Unter einem Rundbogen aus farblich rot/gelb alternierenden Sandsteinquadern markiert ein mächtiger Sturz, getragen von profilierten Sandsteingewänden, den Eingang zur Mikwe. Der Treppenschacht ragt nach oben über das Gelände heraus und wird durch kleine Fenster beleuchtet. Rechts und links des Treppenlaufs sind am unteren Ende zwei große Nischen in die Seitenwände eingelassen, die möglicherweise als Sitzgelegenheiten für die Besucher der Mikwe dienten. Den unteren Abschluss des Treppenhauses bildet wieder ein romanisches Portal. Eine deutlich schmalere unbeleuchtete Treppe führt von dort aus unter einem Tonnengewölbe in den zweiten Teil der Anlage, den rechteckigen Vorraum. **(Abb. 30)**

Dieser liegt vollständig unter der Erde. Im Schildbogen des Gewölbes, auf der dem Eingang gegenüberliegenden Seite, gewähren drei Fenster Einblick in den eigentlichen Badeschacht. Das große Doppelfenster unten und die kleinen in der Etage darüber tragen ebenso wie die ursprünglich vier tragenden Ecksäulen des Kreuzgratgewölbes Profilierungen, die stilgeschichtlich in die Zeit des beginnenden 12. Jahrhunderts einzuordnen sind – Vergleichsbeispiele für die Steinmetzarbeiten sind etwa im südlichen Querhaus des Speyrer Doms zu finden. Von den ehemals vier Ecksäulen ist heute nur noch eine im Original erhalten. Diese Säule, die Kämpfersteine und die Würfelkapitelle wurden aus konservatorischen Gründen durch Kopien ersetzt. Die Originale sind im Museum SchPIRA ausgestellt. **(Abb. 31)**

In der östlichen Seitenwand des Vorraums befindet sich der Zugang zu einem kleinen, mit einem Kuppelgewölbe abgeschlossenen Raum, der wohl als Ankleideraum diente. **(Abb. 32)** Gegenüber führt eine weitere Treppe zum Grund des Badeschachts hinab. Auch diese Treppe wurde über eine Lichtöffnung zum Badeschacht erhellt. Während der Badeschacht heute durch eine große Öffnung im Gewölbe beleuchtet wird, spendeten in der Erbauungszeit nur vier kleine Fenster in den Schildbögen des Gewölbes spärliches Licht. **(Abb. 33)**

Am tiefsten Punkt der Anlage, ca. 10 m unter der Geländeoberfläche, befindet sich das ca. 3,5 x 3,5 m große Wasserbecken. Mehrere Stufen führen zur tiefsten Stelle des Bassins. Da das jüdische Religionsgesetz zur kultischen Reinigung das vollständige Untertauchen fordert, muss eine Mikwe eine Wassermenge von umgerechnet mindestens 500 l enthalten. Vorgeschrieben ist auch, dass eine Mikwe „lebendiges" Wasser enthält, also Grundwasser, wie in der Speyrer Mikwe, Wasser aus fließenden Gewässern oder Regenwasser.

31 *Auf der Südseite des Vorraums ermöglichen vier teils aufwändig gestaltete Fenster den Einblick in den Badeschacht*

32 An einer der Schmalseiten des Vorraums befindet sich ein kleines Gelass, das wohl als Ankleideraum gedient hat

Mikwe

Neben der Synagoge und dem Friedhof ist auch die Mikwe, das rituelle Bad, seit dem Mittelalter eine der wichtigsten Einrichtungen jeder jüdischen Gemeinde. Die Mikwe dient der rituellen Reinigung. Die Bestimmungen zu ihrer Nutzung finden sich im Mischna-Traktat *Mikwaot* und gehen auf biblische Vorstellungen und Gebote zu Reinheit und Unreinheit zurück. Nach einer gründlichen körperlichen Reinigung taucht man in der Mikwe vollständig unter, um die rituelle Reinheit, die durch verschiedene Umstände beeinträchtigt werden kann, wiederherzustellen. Vor allem für eine traditionell lebende jüdische Frau ist der Besuch der Mikwe ein wichtiger Teil des Lebens. Sie besucht die Mikwe zum ersten Mal vor ihrer Hochzeit, danach jeweils nach ihrer Menstruation bzw. der Geburt eines Kindes. Auch manche Männer tauchen zu bestimmten Zeiten, z.B. vor dem Schabbat und vor Feiertagen, in der Mikwe unter. Darüber hinaus ist das Untertauchen in der Mikwe für Personen, die zum Judentum übertreten, verpflichtend. Neues Geschirr wird vor der Benutzung durch Eintauchen im Bad im kultischen Sinne gereinigt.

33 *Eine geschwungene Treppe führt hinab zum eigentlichen Bad*

34 Das Wasserbecken des Ritualbades liegt ca. 10 m unter der Erdoberfläche und wird durch Grundwasser gespeist

Nach dem Niedergang der jüdischen Gemeinde in Speyer ging die Mikwe wie die anderen Gebäude des Judenhofs im 16. Jahrhundert in den Besitz der Stadt über. **(Abb. 34)**

Die Weisen von Speyer

Die Juden verfügten im Mittelalter über einen im Vergleich zu ihrem christlichen Umfeld deutlich höheren Bildungsstand. Während die Fähigkeit zu lesen und zu schreiben bei den Christen auf eine sehr kleine Bevölkerungsgruppe beschränkt war – christliche Zentren der Gelehrsamkeit waren die etwa Klöster; weite Teile der Bevölkerung, des niederen Klerus und des Adels hatten an ihr jedoch keinen Anteil –, ist davon auszugehen, dass ein Großteil der jüdischen Männer und auch ein Teil der jüdischen Frauen diese Fähigkeit beherrschten.

> „Viel habe ich von meinen Lehrern gelernt, von meinen Kollegen mehr als von meinen Lehrern, und von meinen Schülern mehr als von ihnen allen."
>
> (Talmud, Traktat Taanit 7a, 268.)

Die Jungen wurden üblicherweise ab dem fünften Lebensjahr an der Thora im Lesen unterrichtet. Schriftsprache war hebräisch, während man sich mit den christlichen Nachbarn und untereinander in Mittelhochdeutsch oder Französisch bzw. auf Jiddisch verständigte (→ **Jiddisch, S. 113**). In den SchUM-Städten lebten viele Gelehrte, die weithin bekannt waren. Bis heute sind die Namen des Salomo ben Isaak, genannt Raschi, aus Troyes (1040–1105), der in

Mainz und Worms studierte, des Elieser ben Samuel aus Metz (um 1115 – um 1198), oder des Mose ben Salomo ha-Kohen aus Mainz und des Eleazar Chasan ben Meschullam aus Speyer hochgeachtet, um nur einige zu nennen. Üblicherweise zogen die Schüler von einem Lehrer bzw. einer Jeschiwa zur nächsten, bis sie sich ein entsprechendes Wissen angeeignet hatten, um selbst Schüler auszubilden. Die Herkunft der Lehrer aus allem Teilen Europas belegt dabei den engen Kontakt der jüdischen Gemeinden und den regen Austausch, den die Gelehrten untereinander pflegten. **(Abb. 32)**

In Speyer sind Gelehrte seit Ende des 11. Jahrhunderts nachweisbar. Besonderen Ruhm als Studienort erreichte die Stadt im 12. Jahrhundert. Eine Reihe von Gelehrten aus dieser Zeit ist unter dem Titel „die Weisen von Speyer" in die Geschichte eingegangen. Eine außergewöhnliche Bedeutung kam dabei einer hoch angesehenen Familie zu, deren Mitglieder in allen drei SchUM-Städten einflussreiche Positionen einnahmen. Die Familie Kalonymos leitete ihre Ursprünge bis nach Babylonien zurück. Nach Frankreich und Deutschland kamen die „Kalonymiden", aus Lucca in Italien, wo sie bereits großes Ansehen erlangt hatten. Wann genau sie an den Rhein kamen, lässt sich nicht mit Sicherheit bestimmen, möglicherweise war dies schon zu Beginn des 10. Jahrhunderts.

Zwei berühmte Vertreter der Familie, die im 12. Jahrhundert lebten, Samuel ben Kalonymus he-Chassid, der in Speyer tätig war, und sein Sohn Jehuda

35 *Ein Lehrer erteilt einem kleinen Jungen Unterricht. Buchmalerei aus Deutschland, Ende 14. Jahrhundert (London, British Library, Ms. Add. 19776, fol. 72v)*

ben Samuel he-Chasid (1140/50–1217), begründeten die Frömmigkeitsbewegung der *Chasside' Aschkenas* („Fromme von Aschkenas"). Der Chassidismus, eine elitäre Bewegung, die sich zeitlich parallel zur christlichen Mystik entwickelte, verlangte von seinen Anhängern eine von mystischen Aspekten geprägte religiöse Praxis, in der das Gebet und die Abwendung von der Welt eine zentrale Rolle spielten.

Das Ende der mittelalterlichen Gemeinde

Die schrecklichen Ereignisse im Umfeld der Pestpogrome von 1349 veränderten das Verhältnis zwischen Juden und Christen fundamental und dauerhaft. Allerdings war dies nicht der einzige Grund für den Niedergang der jüdischen Gemeinde in Speyer im Spätmittelalter. Politische, rechtliche und wirtschaftliche Veränderungen verschlechterten ihre Lebensbedingungen. Seit dem Anfang des 14. Jahrhunderts war die Machtposition des Kaisers und auch des Bischofs als Stadtherren entscheidend geschwächt. Die wichtigsten Garanten der rechtlichen und wirtschaftlichen Privilegien der Juden verloren zusehends an Einfluss. Die Bedeutung der kaiserlichen und bischöflichen Urkunden, die den Juden Sicherheit und Schutz, aber auch Selbstverwaltung, Religions- und Handelsfreiheit bescheinigten, nahm mit dem fortschreitenden Machtverlust der Aussteller ab. In der Folge übernahm die Bürgerschaft immer mehr die Ausübung der herrschaftlichen Aufgaben. Das Verhältnis der Speyrer Bürgerschaft zu den Juden war aber seit langem von Rivalität und Missgunst geprägt. Bereits im Jahr 1330 ging die Schutzpflicht des Bischofs ge-

36 *Die Urkunde aus dem Jahr 1352 zur Wiederzulassung der Juden in Speyer nach der Vertreibung und Verfolgung in den Pestjahren*

37 *Die Synagoge von Speyer im Jahr 1937. Die jüdische Gemeinde hatte 1832 die Ruine der ehemaligen Jakobskirche erworben und anschließend zur Synagoge umgebaut*

genüber den Juden durch die Zahlung der großen Summe von 300 Pfund Heller an die Bürgerschaft über. Diese unternahm nichts, um die jüdische Bevölkerung – man geht von etwa 400 Personen aus – während der Pestpogrome 1349 zu schützen, so dass diese praktisch vollständig ausgelöscht wurde. 1351 beschloss der Rat die Wiederzulassung der Juden in der Stadt, und tatsächlich kehrten auch einige Bewohner, die dem Massaker von 1349 entfliehen konnten, im Jahr 1352 zurück. **(Abb. 36)**

Allerdings beschloss der Rat schon im Folgejahr die erneute Ausweisung. Immer neue Steuern und die in immer kürzeren Zeitabständen verfügte Ausweisung und Wiederzulassung der Juden führten dazu, dass die Gemeinde sich in den folgenden Jahrzehnten nicht mehr erholen konnte. Auch wenn die 1435 erlassene Verfügung des Rats, die Juden müssten die Stadt „auf ewig" verlassen, offenbar genauso wenig eingehalten wurde wie alle vorigen, war für ein jüdisches Leben, wie es im 13. Jahrhundert existiert hatte, kein Raum mehr in der Stadt des Spätmittelalters.

Seit den ersten Jahrzehnten des 16. Jahrhunderts gab es keine jüdische Gemeinde mehr in Speyer. Damit ging die über 400-jährige Geschichte der mittelalterlichen jüdischen Gemeinde zu Ende.

Nur ganz allmählich kamen in den folgenden Jahrhunderten Juden wieder zurück in die Stadt. Im Jahr 1685 lebten 59 Personen jüdischen Glaubens in neun Haushalten in Speyer. Nachdem Speyer kurze Zeit nach dem Beginn der Französischen Revolution in den 1790er Jahren von französischen Revolutionstruppen erobert worden war, erlangten die Speyrer Juden wie die französischen Juden staatsbürgerliche Gleichheit und Freiheit. In der Folgezeit entstand in

Speyer wieder eine feste jüdische Gemeinde. 1830 gehörten ihr über 200 Mitglieder an. Eine neue Synagoge wurde 1837 an der Heydenreichstraße am ehemaligen Standort der Jakobskirche erbaut. **(Abb. 37)** Es wurde auch ein neuer jüdischer Friedhof am St.-Klara-Kloster-Weg angelegt und bis 1888 benutzt, bevor ein Teilbereich des städtischen Friedhofs an der Wormser Landstraße als jüdischer Friedhof eingerichtet wurde. Dieser bis 1940 genutzte Friedhof ist auch der Bestattungsplatz der heutigen jüdischen Gemeinde.

Die Gemeinde wuchs im Verlauf des 19. Jahrhunderts auf über 500 Mitglieder an, doch ging die Zahl der jüdischen Einwohner bereits ab 1900 wieder zurück. In der NS-Zeit erlitt die jüdische Bevölkerung Diskriminierung, wirtschaftliche und soziale Ausgrenzung wie überall sonst in Deutschland. Als die Synagoge im November 1938 zerstört wurde, lebten nur noch 81 Juden in der Stadt, 1940 waren es noch 60. Am 22. Oktober 1940 wurden 51 jüdische Männer, Frauen und Kinder aus Speyer im Rahmen der ersten planmäßigen Deportation aus Deutschland in das Internierungslager Gurs in Frankreich verschleppt – nur wenige von ihnen überlebten.

Die jüdische Gemeinde heute

In der Zeit nach 1945 lebten lange Zeit nur wenige Juden in Speyer, die seither zur Jüdischen Kultusgemeinde der Rheinpfalz gehören. Seit den 1990er Jahren hat die Zahl der Gemeindemitglieder durch die Zuwanderung von Juden aus der ehemaligen Sowjetunion stark zugenommen, und schließlich konnten am 9. November 2011 eine neue Synagoge und ein neues Gemeindezentrum eingeweiht werden.

Die neue Synagoge

Wie schon die Synagoge des 19. Jahrhunderts, die in den Ruinen der Jakobskirche errichtet worden war und die während des Pogroms am 9. November 1938 niederbrannte, entstand der Neubau in einer ehemaligen Kirche. Die 1935 über den Resten des mittelalterlichen Vorgängerbaus errichtete Kirche des St. Guido-Stifts wurde dazu erheblich umgestaltet. Der Bau steht nach dem Entwurf von Prof. Alfred Jacoby als Verbindung zwischen der ehemaligen Kirche St. Guido und der neuen Synagoge *Beith-Schalom* (Haus des Friedens) symbolisch für den Dialog zwischen Juden und Christen. An der Ostseite tritt der über einem Oval errichtete Gemeindesaal markant aus der Fassade des Gebäudes hervor. Im westlichen Teil der ehemaligen Hallenkirche sind der Eingangsbereich und die übrigen Räume des Gemeindezentrums untergebracht. Alfred Jacoby hat auch die neue Synagoge in Heidelberg entworfen. **(Abb. 38)**

38 *Auch die heutige Synagoge in Speyer wurde in einer ehemaligen Kirche errichtet. Die neue Synagoge und das Gemeindezentrum wurden 2011 eingeweiht*

Museen

Museum SchPIRA
Thema des Museums ist die mittelalterliche Geschichte der jüdischen Gemeinde und ihres Zentrums, des Judenhofs. Im Außengelände sind Synagoge und Mikwe aus dem frühen 12. Jahrhundert zu besichtigen. In der Ausstellung finden sich archäologische Funde aus den Gebäuden sowie weitere Exponate zum jüdischen Leben im mittelalterlichen Speyer. Eine Abteilung der Ausstellung hat den alten jüdischen Friedhof zum Thema und zeigt eine Reihe von Grabsteinen. **(Abb. 36)**

Museum SchPIRA
Kleine Pfaffengasse 20/21
67346 Speyer
Tel.: (06232) 291971
E-Mail: info@verkehrsverein-speyer.de
Internet: http://www.speyer.de/
→ Tourismus → Museen und Lernorte
→ Museum SchPIRA

Öffnungszeiten
1. April bis 31. Oktober täglich
10.00–17.00 Uhr.
1. November bis 30. März
Di – So 10.00–16.00 Uhr.

Altpörtel
Das Innere des Turmes wurde in den letzten Jahren renoviert. Jetzt befindet sich im ersten Obergeschoss des Tores eine Ausstellung zur ehemaligen Stadtbefestigung von Speyer und zur Geschichte des Gebäudes selbst. Ein Besuch lohnt aber auch wegen des herrlichen Rundblicks über die Stadt.

Tourist-Information Speyer
Maximilianstraße 13
67346 Speyer
Tel.: (0 62 32) 142392
E-Mail: touristinformation@stadt-speyer.de
Internet: www.speyer.de/
→ Tourismus → Sehenswürdigkeiten
→ Altpörtel

Öffnungszeiten
1. April bis 31. Oktober
Mo – Fr 10.00–12.00 Uhr
und 14.00–16.00 Uhr
Sa – So 10.00–17.00 Uhr

39 *Heutiger Eingang zur Mikwe im Judenhof*

Das Archäologische Schaufenster

Wer sich für Geschichte interessiert, sollte sich das archäologische Schaufenster in Speyer nicht entgehen lassen. Die Einrichtung ist eine Zweigstelle des Landesamtes für Denkmalpflege in Speyer.

Schon auf dem Vorplatz sind Rekonstruktionen eines fränkischen Grabes und einer römischen Säulenhalle zu besichtigen. In dem Schauraum, der als begehbarer Bereich des Magazins und der Restaurierungswerkstätten zu verstehen ist, werden jeweils aktuelle Ergebnisse der Forschung dargestellt. Eine in den Ausstellungsraum des Archäologischen Schaufensters integrierte „Gläserne Restaurierungswerkstatt" ermöglicht es den Besuchern, den Restauratoren des Amts bei der Konservierung der Funde zuzuschauen. Es steht zu bestimmten Zeiten sogar ein Restaurator persönlich für die Fragen der Gäste zur Verfügung (in der Regel Di, Do, 11.00–16.30 Uhr).

Archäologisches Schaufenster Speyer
Gilgenstr. 13
67346 Speyer
Tel.: 06232 6706-57
E-Mail: archaeologie.speyer@gdke.rlp.de
Internet: www.archaeologie-speyer.de/

Öffnungszeiten
Di – So 11.00–17.00 Uhr
Heiligabend und Silvester geschlossen

Das Historische Museum der Pfalz

Das historische Museum der Pfalz in Speyer ist mit jährlich ca. 200.000 Besuchern ein großer Publikumsmagnet in der Region. Eine Reihe von Sonderausstellungen zu historischen Themen, wie zur Archäologie hat in den letzten Jahren auch überregional großes Interesse gefunden. Den Kern des Hauses bildet ein großer Sammlungsbestand aus allen wichtigen historischen Epochen der Region. Das Hauptexponat der vorgeschichtlichen Abteilung ist der weithin berühmte „Goldene Hut" von Schifferstadt. Die bronzezeitlichen Goldhüte werden als Insignien im Zusammenhang mit religiösen Kulten gesehen.

Neben einer Reihe von Exponaten, die die Römerzeit in der Region dokumentieren, wird im Historischen Museum aber vor allem der Speyerer Domschatz aufbewahrt. Nicht nur sakrale Kunst und die Baugeschichte des Doms sind hier Themen, natürlich geht es auch um die großen Könige, die hier begraben sind. Unter anderem ist die Grabkrone Kaiser Konrads II., des Begründers der Salierdynastie, zu besichtigen.

Verschiedene Abteilungen haben die Neuzeit zum Thema. Ein weiterer Abschnitt des Museums ist der seit Jahrhunderten in der Region gepflegten Tradition des Weinbaus gewidmet. Hier findet sich ein besonderes Kuriosum. Bei Bauarbeiten in einem Weinberg in Berghausen, ganz in der Nähe von Speyer, fand man im Jahr 1867 in zwei römischen Sarkophagen eine große Anzahl von Weinflaschen als Grabbeigaben. Eine davon birgt noch heute Reste des Inhalts aus der Römerzeit. Die mit einer Schicht Öl versiegelte Flasche enthält damit den ältesten erhaltenen Wein.

Historisches Museum der Pfalz Speyer
Domplatz
67346 Speyer
Besucherservice (06232) 620222
Zentrale (06232) 13250
E-Mail: info@museum.speyer.de
Internet: www.museum.speyer.de
www.kindermuseum.speyer.de

Öffnungszeiten
Di – So 10.00–18.00 Uhr

Worms

40 *Historische Stadtansicht von Worms von Franz Hogenberg (1582)*

In Worms kreuzen sich die Bundesstraßen 9 in Nord/Süd-Richtung und 47 in Ost/West-Richtung. Die beiden Straßen repräsentieren die seit vielen Jahrhunderten genutzten Hauptverkehrswege der Region. Die B 9 übernimmt heute die Funktion der spätestens seit 15 v. Chr. ausgebauten römischen Rheintalstraße, die den Alpenraum mit dem Nordwesten Deutschlands verbindet. Die B 47 steht für die Fernverbindung zwischen Frankreich (Metz) und dem Norden und Osten Deutschlands. Der heutige Besucher nähert sich der Stadt von Süden, vorbei am dicht bebauten Großraum Ludwigshafen-Mannheim. **(Abb. 40)**

Zur Geschichte der Stadt

Worms liegt auf dem Ausläufer eines Lössrückens, der sich vom nördlichen Bergland des Pfälzer Waldes in die Rheinebene erstreckt. Wie in Speyer bot die erhöhte Lage des Ortes den nötigen Hochwasserschutz für eine dauerhafte Besiedlung bereits in vorgeschichtlicher Zeit. Aufgrund der ununterbrochenen Nutzung des Siedlungsplatzes ist die genaue Lage und Ausdehnung der älteren Siedlungsphasen nur punktuell durch archäologische Funde zu erahnen. Erst für die römische Zeit lässt sich die Gesamtsituation in etwa erschließen. Das römische Siedlungsgebiet war im Kern fast deckungsgleich mit dem Areal, das im Mittelalter von der älteren Stadtmauer umschlossen wurde. Archäologische Befunde deuten aber darauf hin, dass auch der Bereich südlich der Befestigung bereits in römischer Zeit bebaut war. Das Zentrum der römischen *civitas vangionum* mit dem Forum und anderen öffentlichen Gebäuden lag am höchsten Punkt des Stadtgebiets, dem heutigen Domhügel.

Worms zählt neben Mainz, Köln und Trier zu den ältesten Bistümern des Reichs. Möglicherweise war es bereits im 4. Jahrhundert Bischofssitz. Die Überlieferung ist allerdings spärlich und ihr Aussagewert in der Forschung umstritten. Nach der Völkerwanderungszeit gelangte Worms, wie Speyer, unter fränkischen Einfluss. Es ist anzunehmen, dass es seit dem 6. Jahrhundert einen christlichen Bevölkerungsanteil gab. Gesichert ist die

41 *Auch das Wormser Stadtbild war geprägt von einer großen Zahl von geistlichen Gemeinschaften. Das St. Andreasstift entstand während einer ersten Gründungswelle am Anfang des 11. Jahrhunderts*

Geschichte des Bistums aber erst mit Bischof Bertulf, der 614 im Zusammenhang mit einer Synode in Paris in den Quellen erwähnt wird. Die Erbauung der ersten Bischofskirche wird in die Zeit um 600 datiert. Sie wurde im Zentrum der Siedlung im Bereich des römischen Forums errichtet. Zu besonderer Bedeutung kam Worms in karolingischer Zeit. Unter Karl dem Großen war die Stadt seit 803 einer der bevorzugten Pfalzorte.

Im 9. und 10. Jahrhundert war Worms Sitz der mächtigen Salier-Herzöge. Eine Burg der späteren Königsdynastie ist seit 1002 in der Stadt nachgewiesen, sie befand sich an der Stelle des späteren Stifts St. Paul, des heutigen Dominikanerklosters. Zu dieser Zeit muss die Stadtbefestigung bereits einen erheblichen Umfang gehabt haben. Aus den Schriftquellen lässt sich auf ein geschlossenes Areal von ca. 45 ha schließen. Den ersten Höhepunkt ihrer Entwicklung erreichte die mittelalterliche Stadt unter der Regentschaft von Bischof Burchard (1000–1025). Der Bischof verfügte als Stadtherr nun über die wichtigsten Rechte und Privilegien wie das Münz- und Zollrecht sowie die Gerichtsbarkeit. Burchard ließ in seiner Amtszeit den Dom neu errichten und förderte die Ansiedlung von geistlichen Gemeinschaften in der Stadt. Zu erwähnen sind hier vor allem die Kollegiatstifte St. Andreas (um 1020), St. Paul (1016) und St. Martin (erste Nennung 1016). **(Abb. 41)**

Die bischöflichen Stadtherren waren in ihrer Funktion als Reichsfürsten und durch ihre Abstammung aus dem Hochadel eng in die Reichspolitik eingebunden. Die lange Reihe von Königsaufenthalten und Reichstagen, die für die Stadt belegt sind, veranschaulicht die Bedeutung des Ortes und seiner Kathedrale. Im Umfeld der Fürsten und des Reichsadels, später auch unter der aufstrebenden Bürgerschaft, fanden sich Handelspartner und Kundschaft für die jüdischen Kaufleute und Händler. An der Kathedrale selbst und in den geistlichen Gemeinschaften im Stadtgebiet fand sich eine außergewöhnliche Konzentration von Bildung und Gelehrsamkeit.

Den Wormser Bischöfen gelang es allerdings nie, ein größeres Territorium als eigenständige und dauerhafte Machtbasis aufzubauen. Seit dem 12. Jahrhundert nahm zudem vor dem Hintergrund der Schwächung der königlichen Zentralgewalt die Bedeutung der Wormser Bürgerschaft zu. Das politische Klima im Worms des Spätmittelalters war geprägt von immer wieder aufflammenden Konflikten zwischen Klerus und Bürgerschaft. Letzterer gelang es im 15. Jahrhundert, den Status der Reichsfreiheit zu erlangen und sich weitgehend gegen die Ansprüche des Bischofs durchzusetzen. Worms erreichte in der Zeit um 1500 seine wohl größte Blütezeit. Die Stadt war kurzzeitig Sitz des Reichskammergerichts, und es wurden dort in enger Folge Reichstage abgehalten, darunter der berühmte Reichstag von 1521, bei dem Martin Luther vor Kaiser Karl V. stand. Zu dieser Zeit hatte Worms bis zu 7000 Einwohner, darunter etwa 250 Juden. Die Reformation hat in Worms deutliche Spuren hinterlassen. Die neuen Thesen fanden in der Reichsstadt großen Anklang und die Anhänger der lutherischen Lehre bildeten nach dem Auftritt Luthers auf dem Wormser Reichstag in den zwanziger Jahren des 16. Jahrhunderts die Mehrheit im Rat. Mit der Berufung eines Predigers durch den Stadtrat im Jahr 1527 wurde die neue Lehre in der Stadt offiziell eingeführt. Worms wurde damit eine mehrkonfessionelle Stadt: Eine Mehrheit von Lutheranern lebte zusammen mit einer Minderheit von Katholiken sowie der Judenschaft.

42 Das 1868 errichtete Lutherdenkmal erinnert an den Auftritt des Reformators auf dem Reichstag zu Worms 1521, als er vor Kaiser Karl V. seine Thesen verteidigte

Luther und die Juden

Die Position des großen Reformators Martin Luther gegenüber den Juden ist von einer bemerkenswerten Ambivalenz geprägt. Während Luther sich in einer Schrift mit dem Titel „Dass Jesus ein geborener Jude sei" im Jahr 1523 überwiegend positiv und freundlich äußert, hat er sich später, wie viele seiner Zeitgenossen, zum erklärten Gegner der Juden entwickelt. Seine frühe Position war zunächst stark an einem missionarischen Grundgedanken orientiert: Bei besserer Integration in die Gesellschaft und durch die Aufhebung der Beschränkungen bei der Berufswahl würden die Juden nach Luthers Überzeugung nach und nach von ihrem ‚Unglauben' ablassen und sich zum Christentum bekehren.

Ende der Dreißigerjahre des 16. Jahrhunderts änderte sich Luthers Einstellung spürbar: Der Reformator war offenbar über die von ihm empfundene „Verstocktheit" der Juden gegenüber dem Christentum und die Wirkungslosigkeit seiner theologischen Position so sehr verbittert, dass sich seine Grundhaltung radikal wandelte. In der Schrift „von den Juden und ihren Lügen" aus dem Jahr 1543 ist seine Einstellung ganz und gar in Hass umgeschlagen. Luther fordert nun offen die Vertreibung der Juden und die Zerstörung ihrer Synagogen. Auffällig ist dabei, dass sich der Reformator nicht mehr theologischer Argumente bedient, sondern beispielsweise mit dem in der Schrift erhobenen Mordvorwurf gegenüber jüdischen Ärzten auf alte Vorurteile zurückgreift. Solche und ähnliche Aussagen Luthers wurden in den folgenden Jahrhunderten immer weiter tradiert, noch den Nationalsozialisten dienten sie zur Rechtfertigung der Judenverfolgung und des Völkermords. **(Abb. 42)**

Nach den Vertreibungswellen des Spätmittelalters war Worms eine der wenigen Städte im Heiligen Römischen Reich, in der noch eine jüdische Gemeinde bestand. Juden lebten während der gesamten Frühen Neuzeit in Worms und überstanden die unruhigen Zeiten und die Verfolgungswellen im 15. und 16. Jahrhundert verhältnismäßig unbeschadet. Lebten um 1500 etwa 250 Jüdinnen und Juden in der Stadt, waren es seit Ende des 16. Jahrhunderts etwa 700. Rechtliche Grundlage ihrer Existenz war das 1524 verfasste und 1541 fast unverändert bestätigte sogenannte Judengedinge, das 1548 zu einer umfassenden Judenordnung erweitert werden sollte.

Zu einer kurzfristigen Vertreibung der Juden aus Worms kam es im Jahr 1615. Die seit dem Anfang des 17. Jahrhunderts zunehmende Unzufriedenheit der Bürgerschaft mit der patrizischen Stadtregierung entwickelte sich ab 1613 allmählich zum offenen Konflikt. Die Zünfte empörten sich dabei auch gegen die aus ihrer Sicht privilegierten Juden und deren vermeintliche Kooperation mit dem Rat. Am Ostersonntag 1615 kam es schließlich zu Gewalttätigkeiten und Plünderungen. Sowohl in der Judengasse als auch an der Synagoge gab es erhebliche Zerstörungen. Der jüdische Friedhof wurde geschändet. Man vertrieb die Juden aus der Stadt – sie konnten erst 10 Monate später, auf Drängen des Kaisers, zurückkehren.

Auch nach dem Stadtbrand 1689 verließ fast die ganze Wormser Einwohnerschaft die Stadt - Juden wie Christen. Die meisten kehrten erst Jahre später zurück. Abgesehen von den beiden letzten Ereignissen, bestand in Worms als einziger der drei SchUM-Städte ohne Unterbrechung bis in die Neuzeit eine jüdische Gemeinde.

Am Bußsabbat 1688 kamen die Franzosen vor die Tore von Worms. Da die Stadt damals nicht befestigt noch militärisch gesichert war, überreichte der Bürgermeister den Feinden die Stadtschlüssel in der Hoffnung auf eine menschliche Behandlung. Kaum aber waren die Franzosen in der Stadt, ließen sie den Kaiseradler abschlagen und dafür die französische Lilie anbringen. Die Bürger und die Juden mussten die Stadtmauern niederreißen, die Stadttürme, die sehr solide gebaut waren, sprengten die Eroberer in die Luft. Die Juden fürchteten sich ganz besonders, denn die meisten Häuser der Judengasse waren an die Stadtmauer angebaut. Doch unser Herr, gelobt sei er, beschützte und bewahrte uns. Niemand kam zu Schaden. Keiner dachte daran, dass die Franzosen die Stadt zerstören würden. wir glaubten, sie hätten die Mauern eingerissen, weil sie keine Festung wollten. Die französischen Soldaten versicherten uns aber: „Wir sollen zwar viele Ort zerstören, aber Worms, die alte Stadt, hat Gnade vor den Augen Seiner Majestät König Ludwigs gefunden". Schnell mussten wir aber feststellen, dass die Franzosen die Unwahrheit gesprochen hatten. Die Städte Worms, Speyer und Oppenheim wurden fast gleichzeitig verbrannt. Wir mussten Haus und Hof verlassen und zulassen, wie unsere berühmte Gemeinde samt der Synagoge unterging. Wir mussten alle Habe zurücklassen und fliehen. Gott möge sich unserer erbarmen! Möge er uns sammeln in Jerusalem unter dem Messias.   Amen!

[Zitiert nach: F. Reuter – U. Schäfer, Wundergeschichten aus Warmais. Juspa Schammes, seine Ma'asseh nissim und das jüdische Worms im 17. Jahrhundert (Worms 2005).]

Wie in Speyer markiert auch in Worms die Zerstörung der Stadt im Jahr 1689 durch die Franzosen das Ende der gewachsenen mittelalterlichen Stadt und eine allgemeine Verarmung der Bevölkerung. Fast die gesamte Innenstadt wurde niedergebrannt, und erst mit einiger Verzögerung wieder aufgebaut.

Als Folge der französischen Revolutionskriege gehörte Worms In den Jahren zwischen 1798 und 1814 zu Frankreich. Dies hatte – neben der Emanzipation der jüdischen Bevölkerung – unter anderem auch die Säkularisation des Kirchenbesitzes und die Auflösung des Bistums im Jahr 1801 zur Folge. Nach dem Ende der napoleonischen Herrschaft wurde Worms 1816 dem Großherzogtum Hessen zugeschlagen. Die Stadt zählte in den 1850er Jahren ca. 10.000 Einwohner und hatte sich in ihrer räumlichen Ausdehnung seit dem Mittelalter kaum verändert. Eine Erweiterung des Stadtgebiets erfolgte erst mit der Industrialisierung und dem sich anschließenden Aufschwung in der zweiten Hälfte des 19. Jahrhunderts – woran die jüdische Bevölkerung einen großen Anteil hatte.

Das historische Stadtzentrum

Wie in Speyer wurden auch in Worms während des Pfälzischen Erbfolgekriegs im Jahr 1689 durch die Truppen Ludwigs XIV. große Teile der mittelalterlichen Stadt planmäßig zerstört. Im Zweiten Weltkrieg erlitt Worms durch Fliegerangriffe am 21. Februar und 18. März 1945 schwere Schäden. Nach dem Krieg wurde die Stadt weitgehend in moderner Bauweise wieder errichtet. Trotz dieser Zerstörungen ist die Struktur der mittelalterlichen Stadt an verschiedenen Stellen noch deutlich abzulesen. Insbesondere die Reste der Stadtbefestigung geben dem Besucher Orientierung. Auch die mittelalterlichen Kirchen wurden größtenteils nach dem Krieg restauriert bzw. wieder errichtet und der mittelalterliche Straßenverlauf weitgehend beibehalten. Keimzelle der Stadt und zugleich städtebauliches Zentrum ist das Areal um den Dom. Der trapezförmige langgestreckte Stadtgrundriss nimmt in der Binnengliederung die Orientierung der beiden wichtigen Fernverkehrsstraßen auf, die sich in der Stadt kreuzen, wobei die Kämmererstraße die Nord-Süd-Richtung repräsentiert, während zum Beispiel die Wollstraße die Ost-West-Richtung aufnimmt. Der gesamte Innenstadtbereich ist ausgehend von diesen Hauptachsen in annähernd rechtwinklige Parzellen gegliedert.

Der Dom
Der erste monumentale Dombau wurde unter Bischof Burchard kurz nach der Jahrtausendwende begonnen. Der Bau konnte 1018 im Beisein des Königs geweiht werden, stürzte jedoch wenig später ein und wurde in den folgenden Jahren neu errichtet. Etwa zur selben Zeit datiert auch der erste Bau der Wormser Synagoge (1034). Burchards Dom wurde im zwölften Jahrhundert durch einen Neubau ersetzt. Ergänzt durch mehrere im 14. und vor allem im 15. Jahrhundert angebauten Kapellen, bildet dieser den Kern des heutigen Doms. Der Versuch, das Bauwerk im Pfälzischen Erbfolgekrieg zu sprengen, misslang, die Kirche brannte jedoch vollständig aus. Die Inneneinrichtung wurde im 18. Jahrhundert in barocken Formen erneuert. **(Abb. 43)**

43 *Wie in den anderen SchUM-Städten bildet der Dom in Worms den Mittelpunkt der Stadt. In diesem Bereich sind auch die vorgeschichtlichen Anfänge der Siedlung zu suchen*

44 *St. Andreasstift*

Ecclesia und Synagoge

Unter den kurz vor 1300 entstandenen Figuren am Südportal des Wormser Doms ist auch die Personifikationen des Judentums in der typischen Form als Frau mit verbundenen Augen zu finden. Die Augenbinde soll die sprichwörtliche „Blindheit" der Juden symbolisieren, die Christus nicht als Messias anerkennen können (Abb. 44 unten). Der Bock als Opfergabe symbolisiert den Alten Bund. Die gebrochene Lanze oder Fahnenstange im linken Arm der Figur steht aus christlicher Sicht für die letztendliche Niederlage des jüdischen Glaubens.

Das Figurenpaar der christlichen Kirche (Ecclesia) und des Judentums (Synagoge) ist ein bereits seit der Karolingerzeit bekanntes Motiv in der sakralen Kunst, das in komprimierter Form den Konflikt der beiden Religionen zeigt. In der Kathedralplastik des 13. Jh. wird es auch allegorisch als Kampf der Tugenden und Laster interpretiert. Aus christlicher Perspektive wird dabei die Überlegenheit des Neuen, von Christus gestifteten Heilsbundes über den Alten Bund, das im Alten Testament begründete Bündnis Gottes mit dem Volk Israel betont.

Ähnliche Darstellungen finden sich an vielen Kirchen der Zeit. Berühmt sind die monumentalen Skulpturen am Straßburger Münster. Beispiele sind auch in Paris (Notre-Dame) oder Bamberg erhalten.

45 *Die Personifikation des Judentums (unten), dargestellt als gebrochene Frau mit verbundenen Augen, soll die „Blindheit" der Juden symbolisieren, die Christus nicht als Messias anerkennen*

St. Andreas

Neben dem Domklerus hatten die vielen geistlichen Gemeinschaften eine große Bedeutung für die Entwicklung der Stadt. Besonderen Einfluss hatten die unter Bischof Burchard in der ersten Hälfte des 11. Jahrhunderts gegründeten Kollegiatstifte. In St. Andreas **(Abb. 44)**, im Süden der Kernstadt, ist heute das Stadtmuseum von Worms untergebracht. Insgesamt schätzt man den Anteil der Geistlichkeit an der Wormser Bevölkerung im Mittelalter auf 30 bis 50 Prozent.

Die jüdische Gemeinde im mittelalterlichen Worms

Wie in Mainz und Speyer lassen sich die Anfänge der jüdischen Geschichte von Worms nicht ganz präzise datieren. Nach Mainz war Worms jedenfalls die zweite Stadt der SchUM-Gemeinden, in der eine jüdische Gemeinde entstand. **(Abb. 46)** Erste Hinweise auf Juden in Worms sind in Schriftquellen aus der zweiten Hälfte des 10. Jahrhunderts zu finden. Der Mainzer Gelehrte Gerschom ben Jehuda *Meor Hagola* (Leuchte des Exils), der in der Zeit von 960–1028/40 lebte, erwähnt im Zusammenhang mit Geldgeschäften auf einer Messe in Köln, dass dort sowohl Mainzer als auch Wormser Juden beteiligt waren. Eine weitere Nennung von Juden aus Worms datiert in die Zeit um 980. Sichere Belege für eine jüdische Gemeinde in der Stadt lassen sich am Anfang des 11. Jahrhunderts finden, in der Zeit also, in der der bischöfliche Stadtherr in Person von Bischof Burchard besonderen Einfluss erlangte. 1034 entstand die erste Synagoge, deren Stifterinschrift noch heute neben dem Eingangsportal der Synagoge zu sehen ist. Mitte des 11. Jahrhunderts lebten berühmte Gelehrte in Worms, die viele Schüler um sich scharten. Rabbi Schlomo ben Jizchak, genannt Raschi, einer der bedeutendsten jüdischen Gelehrten des Mittelalters, lebte wohl in der Zeit zwischen 1060 und 1065 in der Stadt. Seine Lehrer waren in dieser Zeit der Leiter der Wormser Talmudhochschule, Rabbi Isaak ben Eleasar ha-Levi, den Raschi als seinen „heiligen Lehrer" in seinen Schriften häufig zitiert, und der ursprünglich aus Mainz stammende Jakob Ben Jakar, seinerseits ein Schüler von Gerschom ben Jehuda.

„Ich bin aus einem großen Baum gewachsen, aus Rabbi Jaakow ben Jakar. Und obwohl ich dies nie von ihm hörte, kommen mein Fühlen, meine Anschauungen und mein Verständnis aus ihm."

Die Grundlage für das Aufblühen der jüdischen Gemeinde in Worms bildeten zwei durch König Heinrich IV. erteilte Privilegien. In einer Urkunde von 1074 verlieh Heinrich den Wormsern – genauer gesagt, den *judei et coeteri wormatienses* (Juden und anderen Wormsern) – das Vorrecht der Zollfreiheit, was der Stadt besonders günstige Bedingungen für den Handel verschaffte. Das wichtigste Fundament für die Entwicklung einer selbstständigen jüdischen Gemeinde bildet aber eine 1090 – parallel zu einem entsprechenden Privileg für die Juden in Speyer – ausgestellte Urkunde. An beiden Orten stellte der König die Juden direkt unter seinen Schutz, was im Wesentlichen bedeutete, dass keine andere Autorität eine

▨	heutige Bebauung
▨	Sakralbauten
—	mittelalterliche Stadtmauer
—	neuzeitliche Befestigung

❶ Dom St. Peter
❷ ehem. Stift St. Andreas
❸ ehem. Stift St. Martin
❹ ehem. Stift St. Paulus
❺ Wohngebiet mit hohem jüdischen Bevölkerungsanteil („Judenviertel")
❻ Zentrum der jüdischen Gemeinde mit Synagoge, Mikwe, Raschihaus und „Haus zur Sonne"
❼ jüdischer Friedhof (Mitte 11. Jahrhundert)
❽ Friedhofserweiterung (Anfang 18. Jahrhundert)

46 *Stadtplan: Die jüdischen Wohngebiete in Worms*

Raschi

Wann genau Schlomo ben Jizchak, besser bekannt unter dem Akronym *Raschi*, ins Rheinland kam, ist nicht bekannt. Geboren wurde er im Jahr 1040 in Troyes in der Champagne. Eine familiäre Beziehung ins Rheinland könnte eine Begründung für den Studienaufenthalt in Mainz und Worms sein, andererseits zählten die Talmudhochschulen in den SchUM-Städten in dieser Zeit bereits neben Rom und Narbonne zu den wichtigsten Zentren des Judentums in Europa.

Raschis Lehrer waren in Mainz vor allem Eliezer ben Jizchak gen. der Große (gestorben ca. 1060) und später in Worms Isaak ben Eleasar Halevi (995–1080). Als Schüler von Gerschom ben Judah (960–1028/40) gehörten sie bereits der dritten Generation von Gelehrten im Rheinland an.

Es ist bis heute ungeklärt, warum Raschi nicht im Rheinland blieb und dort die Leitung einer der bedeutenden Talmudhochschulen übernahm, sondern nach einiger Zeit in seine Heimatstadt zurückkehrte. Möglicherweise war es die große Dominanz der Familie Kalonymos, die im 11. Jahrhundert in den drei Städten eine quasi aristokratische Position einnahm, die ihn dazu bewegte, die SchUM-Gemeinden wieder zu verlassen. Noch deutlich vor den schrecklichen Ereignissen im Zusammenhang mit dem ersten Kreuzzug im Jahr 1096, vermutlich in der Zeit um 1070, war Raschi nach Troyes zurückgekehrt, um dort seine eigene Schule zu gründen. Dort verfasste er auch die Mehrzahl der Texte, für die er berühmt werden sollte.

Das Hauptwerk Raschis ist sein Kommentar zum Talmud. (→ **Talmud, S. 86**) Seit in den Jahren 1484–1519 der babylonische Talmud erstmals vollständig in gedruckter Form erschien, ist der Kommentar fester Bestandteil jeder Talmudausgabe. Mithilfe seines Bibelkommentars lernten jahrhundertelang jüdische Kinder die Bibel auf Hebräisch zu lesen. Raschis Werke, die sich durch Klarheit, Verständlichkeit und Bildhaftigkeit auszeichnen, werden bis heute studiert. Er ist einer der wichtigsten, wenn nicht der bedeutendste Gelehrte des aschkenasischen Judentums. Sein Einfluss reichte weit über Deutschland und Frankreich hinaus in die ganze jüdische Welt, und auch von christlichen Gelehrten wurden seine Werke schon seit dem 12. Jahrhundert rezipiert.

Bis heute ist Raschis Name mit dem SchUM-Gemeinden eng verbunden, und wie bei vielen berühmten Persönlichkeiten ranken sich auch um seine Figur Sagen und Legenden. Vor allem in Worms ist das Andenken an ihn immer wach geblieben und mit realen Orten verknüpft worden. Unter anderem erzählte man sich, dass die Mutter Raschis als Schwangere von einem Pferdefuhrwerk an die Mauer der Synagoge gedrängt worden sei, die daraufhin zurückwich, um ihr und ihrem ungeborenen Sohn Schutz zu bieten. Eine entsprechende Einbuchtung der Mauer wird bis heute dort gezeigt. Eine andere, oft wiederholte und bunt ausgeschmückte, Legende besagt, dass Graf Gottfried von Bouillon Raschi vor seiner Abreise ins Heilige Land nach dem Ausgang des ersten Kreuzzugs befragt haben soll. Dieser habe darauf das Scheitern des Heerzugs vorausgesagt und selbst Einzelheiten über die schmachvolle Rückkehr des glücklosen Herzogs prophezeit.

Zuständigkeit in Rechtsangelegenheiten reklamieren konnte. Die Juden erreichten so für die Organisation ihrer Angelegenheiten weitgehende Autonomie und ein hohes Maß an Eigenständigkeit in rechtlichen Dingen. Darüber hinaus garantierte das Privileg den Schutz des Eigentums und Grundbesitzes. Zusätzlich erhielten die Juden das Recht, in der Stadt Finanzgeschäfte zu tätigen sowie überall im Reich zollfrei Handel zu treiben. Weitere Paragraphen der Urkunde regelten u.a. die Beziehungen von Juden und Christen. Dieses Privileg wurde nicht nur von Kaiser Friedrich I. Barbarossa im Jahr 1157 bestätigt, Kaiser Friedrich II. erweiterte seine Gültigkeit 1236 sogar auf alle Juden im Reich. Die Urkunde von 1090 kann in ihrer Bedeutung für die Entwicklung und den Aufschwung der SchUM-Gemeinden im 11. bis 14. Jahrhundert daher kaum überschätzt werden.

47 *Buchmalerei aus einer italienischen Handschrift (um 1470): ein junger Mann erntet Weintrauben*

Im Zusammenhang mit dem ersten Kreuzzug erlebte die jüdische Gemeinde in Worms – wie ihre Schwestergemeinden in Speyer und Mainz – eine schwere Krise. Auch hier sind die hebräischen Berichte über den Kreuzzug die wichtigste Quelle für die Geschehnisse im Mai 1096:

Danach flüchteten einige Juden aus Worms, als sich die Nachrichten über die Ausschreitungen in Speyer verbreiteten. Andere sollen ihren Besitz bei Christen versteckt haben. Als der Kreuzfahrermob schließlich die Stadt erreichte, gelang es der Bischofsmacht – anders als in Speyer – nicht, die Juden nachhaltig zu schützen. Der Bischof selbst war während der Ereignisse nicht in Worms. Es kam zu schlimmen Ausschreitungen: Die Juden wurden vor die Alternative „Tod oder Taufe" gestellt. Viele wurden zwangsweise getauft, wer sich weigerte, wurde erschlagen, manche töteten ihre Kinder und dann sich selbst. Die Unruhen dauerten über mehrere Tage an – schließlich stürmten die Kreuzfahrer den Bischofshof, wo sich viele Juden zuvor in Sicherheit gebracht hatten. Am Ende war eine große Zahl der Wormser Juden tot oder geflüchtet.

Trotz der vielen Opfer, deren Namen in den hebräischen Quellen verzeichnet sind, erholte sich die Gemeinde in der Folge rasch, auch wenn die geistigen und mentalen Folgen der Massaker enorm waren (s.o. Speyer). Selbst der König reagierte und rief zum Schutz der Juden auf. Zwangsgetaufte sollten zu ihrem Glauben zurückkehren dürfen. Für den Mord an einem Juden sollte fortan die Todesstrafe verhängt werden.

Während des Zweiten und Dritten Kreuzzugs kam es dessen ungeachtet erneut zu Übergriffen, und dies, obwohl sich beispielsweise Bernhard von Clairvaux in Predigten in den Kathedralen

Wein

Die Familie des berühmten Rabbi Schlomo ben Jizchak (1040–1105), genannt Raschi, der längere Zeit in Worms und Mainz studierte, soll in der Champagne ausgedehnte Weinberge besessen haben. Sein Kommentar Mischnatraktat *Awoda Sara* (Götzendienst), der Fragen des Umgangs von Juden und Nichtjuden erörtert, enthält auch eine umfassende Abhandlung zum Weinbau in Nordfrankreich, darunter Ausführungen zur örtlichen Technik des Kelterns. Da sich diese deutlich von den Methoden unterschied, die den Juden aus der Mittelmeerregion vertraut waren, musste sichergestellt werden, dass die Vorgehensweise nicht in Konflikt mit den jüdischen Speisevorschriften (*Kaschrut*) geriet. Wein spielt in der jüdischen Kultur eine wichtige Rolle. (Abb. 47) So wird sowohl für den *Kiddusch* (Segen) am Schabbat und den Feiertagen als auch für die Bräuche des Sederabends zu Beginn des Pessachfests Wein benötigt. Natürlich muss dieser Wein koscher sein und kann, da er grundsätzlich als Trankopfer in Betracht kommt, im religiösen Sinn leicht verunreinigt werden. Nach der *Halacha*, dem jüdischen Religionsgesetz, durfte Wein aus nichtjüdischer Herstellung von Juden nicht getrunken werden. Es finden sich daher im Mittelalter auch Juden unter den Weinbauern. Ganz unproblematisch war das Betätigungsfeld allerdings nicht. Neben Beschränkungen für Juden beim Kauf von Ländereien besaßen häufig die Klöster als große Grundbesitzer und straff organisierte Produktionsbetriebe das Monopol auf den Weinhandel. Rabbinerkonferenzen gestatteten den Juden im 13. Jahrhundert explizit den Ankauf von Wein, der von Christen kultiviert worden war.

Wein war im Mittelalter eines der wichtigsten Handelsgüter. Schätzungen gehen von einem ganz erheblichen Verbrauch in Deutschland aus. Das Rheinland war einerseits eine der wenigen Gegenden in Nordeuropa, wo Wein in großen Mengen produziert wurde – die Tradition des Weinanbaus reicht hier bis in die römische Antike zurück – der Rhein war andererseits ein zentraler Verkehrsweg für den Import von französischem Wein. Mittelalterliche Rechnungsbücher, die unlängst wissenschaftlich ausgewertet wurden, belegen beispielsweise, wie intensiv der Weinhandel von jüdischen Kaufleuten betrieben wurde.

Heute gibt es übrigens wieder koscheren Wein aus Deutschland. Gelegentlich produzieren Winzer vor allem in Rheinhessen kleinere Partien nach den Kaschrut-Vorschriften. Der größere Aufwand bei der Produktion, der sich auch im Preis niederschlägt, und der vergleichsweise kleine Markt beschränken die Absatzmöglichkeiten jedoch. Abnehmer für die koscheren Weine sind meist jüdische Gemeinden oder jüdische Restaurants. (Der Weinhändler Wolfgang Lehmann in Nauheim bietet beispielsweise eine Anzahl von koscheren Weinen an und exportiert diesen auch nach Israel und sogar nach Australien.)

Wer an die jüdischen Speisevorschriften nicht gebunden ist, wird allerdings auch in Worms und der näheren Umgebung hervorragende Tropfen finden. Immerhin handelt es sich ja noch heute um eine der größten Weinbauregionen in Europa.

von Speyer und Worms vehement für den Schutz der Juden einsetzte.

Die Steuerlisten belegen, dass die jüdische Gemeinde während des 12. und 13. Jahrhunderts dennoch prosperierte. Worms entrichtete nach Straßburg die höchsten Steuern im Reich, die Juden hatten einen erheblichen Anteil an dieser Summe. In dieser Zeit scheint sich die Tätigkeit der Juden vermehrt vom Handel zum Geldgeschäft verlagert zu haben, was zugleich mit der zunehmenden Bedeutung der städtischen Gemeinschaften und der daraus erwachsenen Konkurrenz zu den Juden einhergeht. Seit dem Ende des 13. Jahrhunderts waren die Juden über das Kreditwesen stark in die Territorialpolitik des Reichsadels eingebunden, was sich später als problematisch erweisen sollte.

Auch im Hinblick auf das geistige Leben ist im 12. und 13. Jahrhundert eine besondere Blüte der SchUM-Städte insgesamt und auch speziell der Wormser Gemeinde zu beobachten. Um 1200 etablierten sich regelmäßige Versammlungen der gelehrten Autoritäten aus den drei Gemeinden, bei denen u.a. konkrete Rechtsfälle, vor allem aus dem Bereich des Familienrechts (Ehe, Ehescheidung, Erbschaftsrecht) erörtert wurden. Die von diesen Versammlungen verfassten Rechtssatzungen, die sogenannten *Takkanot-SchUM* (erstmals 1220 erwähnt), erlangten weit über die Region hinaus Verbreitung und Gültigkeit. Vertreter der Wormser Gemeinde war in dieser Zeit Eleasar ben Jehuda, der nach einem seiner Hauptwerke auch *ha-Rokeach* (der Salbenmischer) genannt wurde. Eleasar war 1165 in Speyer geboren und in Metz ausgebildet worden. Ab 1190 war er in Worms tätig, wo er u.a. als Vorbeter der Gemeinde fungierte und 1238 verstarb. **(Abb. 48)** Besondere Bekanntheit erlangte er durch das Gedicht über seine Frau, die zusammen mit ihren Töchtern von christlichen Verbrechern in seinem Haus in der Wormser Judengasse ermordet wurde.

48 *Szene mit einem Vorbeter aus dem Leipziger Machsor*

Ah, wer findet eine starke Frau
wie meine fromme Frau Dolza.
Ach, die Krone ihres Mannes aus vornehmem Haus,
gottesfürchtig und gerühmt wegen ihrer guten Werke.
Beschützt war bei ihr das Herz ihres Mannes, sie ernährte und kleidete ihn würdig,
    er saß bei den Ältesten in Studium und Werk.
Gutes erwies sie ihm, niemals Böses all ihre gemeinsamen Jahre,
    bereitete ihm Bücher von ihrem Mühen und hieß Liebliche.
Die beschaffte weiße Wolle für Schaufäden, spann sie mit munterer Hand,
    plante liebreiches Tun, und alle sahen und rühmten sie.
Handelsschiffen war sie gleich, ihren Mann zu speisen,
damit er dem Studium sich widme,
    Frauen sahen sie und riefen: Gelungen ist ihr Handel.
Wohl gab sie Speise ihrem Haus und Brot den Knaben,
    ergriff den Rocken, spann Garn für die Bücher,
Sehnen zum Nähen der Schriftrollen und Gebetkapseln.
Flink wie die Hindin kochte sie Lieblingsspeisen den Schülern.
Hoheitlich gürtete sie die Lenden und nähte zusammen
    Wohl 40 Torarollen, Pergament an Pergament
    Bereitete die Tafel dann für die ganze Gemeinschaft.
Tauglich war ihr Tun, schmückte Bräute und brachte sie voller Gaben ins Heim.
Liebliche, Tote wusch sie und nähte ihnen Gewänder.
Ja, ihre Hände nähten die Kleider der Schüler und zerrissene Bücher,
    ihrer Hände Werk teilte man den Lernenden aus.
Komm, winkte sie dem Armen, speiste ihre Söhne und Töchter und ihren Mann.
    Den Willen des Schöpfers erfüllte sie froh tags und nachts.
Licht brannte stets bei ihr, sie machte Dochte
    für Synagoge und Lehrhaus und sprach die Psalmen.
Melodische Hymnen und Gebete sang sie, sprach Bittlitaneien,
    beherrschte „Seele aller Lebenden", „Und alle glaubten".
Nun sprach sie das Lehrstück „Vom Weihrauch" und die Zehn Gebote,
    lehrte in allen Städten die Frauen und Sängerinnen.
Sie machte liturgische Ordnungen morgens und abends
    und war als erste und letzte im Bethaus.
Oh, an jedem Jom Kippur stand sie und sang und bereitete
    Lampen für Schabbate und Feiertage zu Ehren der Lernenden.
Führung in Weisheit kündet ihr Mund, der Gesetze kundig,
    saß am Schabbat und lauschte der Predigt ihres Gemahls.
Züchtiger als alle und weise und Rednerin, ihr Mysterium war segensvoll,
    flink in Geboten, der Frommheit und Gnade voll.
Kaufte den Schülern Milch, entlohnte die Lehrer vom Eignen,
    bekannt und gelehrt und diente freudig dem Schöpfer.
Rannte zu Kranken hin nach des Schöpfers Geheiß,
    speiste ihre Söhne, drängte sie zum Lernen, diente Ihm.
Selig erfüllte sie die Wünsche des Gatten, erzürnte ihn nie.
    Liebliche! Ihrer Werke gedenke der Weltenfels.
Teil habe ihre Seele am Bündel des ewigen Lebens,
    teilt ihr aus die Früchte ihrer Hände im Paradies.

              [aus: Pnina Navé Levinson, Was wurde aus Saras Töchtern?
              Frauen im Judentum, Gütersloh 1989, S. 32f.]

Eleasar ist einer der Hauptvertreter der *Chasside' Aschkenas* (die Frommen von Aschkenas), einer geistig-religiösen Bewegung, die eine asketische Lebenspraxis anstrebte und sich in besonderem Maße der Mystik zuwandte.

Gegen Ende des 13. Jahrhunderts scheint die Bedeutung der Wormser Gemeinde allmählich zurückgegangen zu sein. Es sind seit dieser Zeit nur noch wenige Namen ihrer Vorsteher überliefert.

Obwohl die Juden in Worms im Spätmittelalter wiederholt Verfolgungen ausgesetzt waren und die Gemeinde 1349 während der Pestpogrome zu großen Teilen vernichtet wurde, ist Worms die einzige der drei SchUM-Städte, in der die jüdische Gemeinde fast ohne Unterbrechung bis in die Neuzeit existierte. Und sie war sich ihrer großen Tradition immer bewusst. **(Abb. 50, 51)** Dieses Bewusstsein spiegelt sich auch in einem Werk des Wormser Synagogendieners Juspa Schammes (Joseph Juspa ben Naftali Herz Levi, 1604–1678) wieder, das 1696 in Amsterdam zum ersten Mal gedruckt wurde. Die jiddische Schrift mit dem Namen *mayse nisim* (Wundergeschichten) besteht aus einer Sammlung von Legenden und Anekdoten aus dem jüdischen Worms.

Im Haus Zu der Krone lebte einst ein Mann, der ständig vom Pech verfolgt war. Was immer er anpackte, gelang ihm nicht. Da sich Seine Verhältnisse trotz fleißiger Arbeit immer mehr verschlimmerten, fasste er mit seiner Frau den schweren Entschluss, Worms zu verlassen und in ein benachbartes Dorf überzusiedeln. Dort hätte er aber weder das Kaddisch noch die Segenssprüche hören und Gebete sprechen können. Ehe er seinen Plan umsetzte, fragte er deshalb den Rabbiner um Rat. Der antwortete mit einem hebräischen Wortspiel. Als er jedoch merkte, wie er den armen Mann damit verwirrte, erläuterte er ihm, dass er nach Abwägung der Sachlage zu der Überzeugung gekommen sei, dass es besser sei, im Dorf auf Lesungen und Gebete zu verzichten, als in der Stadt Hass und Neid ausgesetzt zu sein. Die Worte des Rabbiners leuchteten dem armen Mann ein. Er packte seine geringen Besitztümer auf einen Wagen, setzte Frau und Kind dazu und schloss das Haus ab. Da hörte er plötzlich von innen ein heftiges Klopfen. „Frau und Kind sind doch da?", fragte er beklommen. „Wer kann denn das sein?" Eine laute Stimme antwortete: „Ich bin es, das schlimme Massel. Ich will dich in deine neue Heimat begleiten". Alle, die das hörten, waren entsetzt, doch der arme Mann sagte kurz entschlossen: „Wenn das Unglück auch an meinem neuen Wohnort mein Begleiter sein will, dann bleibe ich doch lieber hier in der Stadt". Er verkaufte nun sein Haus sehr billig und bezog eine andere Wohnung. Der Käufer aber ließ das Haus abbrechen und von Grund auf neu bauen. So lebten nunmehr zwei Familien in Glück und Frieden, denn das „Unglück" mit seinem traurigen, düsteren Gefolge war plötzlich abgezogen.

[zitiert nach: F. Reuter / U. Schäfer, Wundergeschichten aus Warmais. Juspa Schammes, seine Ma'asseh nissim und das jüdische Worms im 17. Jahrhundert, Worms 2005].

Wormser Machsor

Eines der berühmtesten Zeugnisse für die jüdische Kultur in den drei Städten am Rhein ist der sogenannte Wormser Machsor. Die zweibändige Handschrift wurde in der zweiten Hälfte des 13. Jahrhunderts wahrscheinlich in Würzburg angefertigt. Machsorim sind Festtagsgebetbücher, die eine Auswahl von Gebeten für den Gottesdienst der Gemeinde an Feiertagen enthalten. Die Auswahl und Zusammenstellung der Texte spiegelt den in Worms ausgeübten Ritus. Darüber hinaus ist die Handschrift im Stil der Zeit mit einer Vielzahl von bildlichen Darstellungen geschmückt. Die Abbildungen zeigen Szenen aus dem Leben der Menschen am Ende des 13. Jahrhunderts. Durch diese Darstellungen ist der Machsor eine wichtige Quelle zur jüdischen Kultur im Mittelalter. Sie gewähren seltene und außergewöhnliche Einblicke in das Selbstverständnis, die religiösen Vorstellungen und das Alltagsleben der Juden im mittelalterlichen Deutschland.

Die Miniatur zeigt eine zeitgenössische Hochzeitsszene. Links im Bild ist die Braut zu erkennen. Sie ist vollständig in einen Mantel gehüllt. Rechts neben ihr steht der Bräutigam, der ebenfalls mit einem Mantel bekleidet ist und den charakteristischen Judenhut trägt, der in mittelalterlichen Darstellungen allgemein zum Attribut der Juden wird. Das Brautpaar ist unter einem Baldachin vereint – hier durch einen Gebetsschal über den Köpfen der beiden angedeutet – während rechts der Rabbiner steht, der die sieben Segenssprüche für die Hochzeit rezitiert. Symbolisch lässt sich die Szene aber auch als Darstellung der Liebe zwischen Israel, der Braut, und Gott, dem Bräutigam, deuten. (Abb. 50)

Der Wormser Machsor war vom Spätmittelalter bis ins 20. Jahrhundert in der jüdischen Gemeinde zu Worms in Gebrauch. Er enthält auch den ältesten bekannten datierten jiddischen Satz. Während der NS-Zeit wurde das Buch in einem der Wormser Domtürme versteckt und entging so der Zerstörung. Heute wird es in der israelischen Nationalbibliothek in Jerusalem aufbewahrt.

49 *Buchmalerei aus dem Wormser Machsor (zweite Hälfte 13. Jahrhundert). Dargestellt ist eine Hochzeit*

50 Tracht der Wormser Juden im 16. Jahrhundert. Der gelbe Ring kennzeichnet den Mann als Juden, der Geldbeutel deutet auf seinen Beruf. Der Knoblauch (hebräisch „schum") steht für seine Herkunft

51 Darstellung der Tracht einer Wormser Jüdin im 16. Jahrhundert. Die Gans kann als eine Anspielung auf eine Wormser Legende verstanden werden

Das jüdische Viertel in Worms

Die Judengasse

Im mittelalterlichen Deutschland lagen die jüdischen Viertel meist an verkehrsgünstiger Stelle innerhalb der Stadt. Da viele Juden im Fernhandel tätig waren, war es sinnvoll, über Wohn- und Geschäftsräume in der Nähe der Fernstraßen und des bedeutendsten Verkehrswegs, des Rheins, zu verfügen. In Worms ließen sich um 1000 Juden in einem Bezirk entlang der Stadtmauer nieder, in dem zuvor friesische Händler gelebt hatten. Die Wormser Judengasse liegt im Nordosten der mittelalterlichen Stadt. Ein nahegelegenes Stadttor am östlichen Ende des Judenviertels, die sogenannte Judenpforte (in älteren Quellen heißt sie „Friesensperre"), ermöglichte den direkten Zugang zum Rheinhafen mit den dort zu vermutenden Lagerhäusern und Stapelplätzen. **(Abb. 52)**

Anders als in Speyer vermittelt das Wormser Judenviertel noch einen guten Eindruck vom Aussehen des mittelalterlichen beziehungsweise frühneuzeitlichen Baubestands. Zwar kam es auch hier in der Judengasse während des pfälzischen Erbfolgekriegs 1689 zu umfangreichen Zerstörungen. Die Gebäude wurden aber in der Folge – häufig auf den noch bestehenden mittelalterlichen Grundmauern – in vergleichbaren Proportionen wiedererrichtet. So kann man in der Judengasse noch heute eine

52 In der Luftaufnahme ist der nordöstliche Bogen der Wormser Stadtbefestigung mit der Judengasse gut zu erkennen. Im Zentrum des Viertels das Raschi-Haus

Vorstellung vom städtebaulichen Ensemble des frühneuzeitlichen Viertels gewinnen. Selbst die Veränderungen durch Baumaßnahmen am Anfang des 20. Jahrhunderts, Zerstörungen in der NS-Zeit sowie Sanierungsvorhaben der 1970er Jahre haben dies nicht grundlegend verändert. **(Abb. 53)**

Eine Besonderheit sind die teilweise bis heute erhaltenen Hauszeichen in der Wormser Judengasse. Vor der Einführung von Hausnummern wurden in den Städten die Häuser gewöhnlich mit bildlichen Darstellungen gekennzeichnet. Die Hauszeichen waren dabei gelegentlich auch Gewerbezeichen. Sie wurden in Form von Schildern an die Häuser gehängt oder als Reliefdarstellungen in die Hauswände eingelassen. Eines der Hauszeichen zeigt eine Pulverflasche, und war ursprünglich über der Toreinfahrt in das gleichnamige Haus an der Stadtmauer angebracht. **(Abb. 54)** Die in mehreren Listen überlieferten Hauszeichen finden sich manchmal auch als bildliche Darstellungen auf Grabsteinen. In Worms dienten sie in der Frühen Neuzeit der christlichen Obrigkeit auch zur Bezeichnung der jüdischen Familien; so wohnte in diesem Haus im 17. Jahrhundert u.a. ein „Mosche zur Pulverflasche".

Seit dem 16. Jahrhundert sind mehrere Verzeichnisse erhalten, die die Häuser der Judengasse und ihre Bewohner u.a. zum Zweck der Besteuerung auflisten. Fast alle Gebäude im heutigen Bestand lassen sich über die Listen identifizieren. Der Plan zeigt die Übertragung der Häuserliste zum Judenviertel aus dem Jahr 1500 in einem Plan. **(Abb. 55)**

Dass die Juden tatsächlich schon seit dem 11. Jahrhundert in diesem Bereich der Stadt siedelten, lässt sich ebenso der bereits erwähnten Urkunde Heinrichs IV. entnehmen. Dort wird den

Das jüdische Viertel in Worms • 75

54 Hauszeichen dienten vor der Einführung von Hausnummern zur Kennzeichnung der Gebäude. In diesem Fall ist sogar ein Bewohner mit dem Namen Mosche „zur Pulverflasche" bekannt

Juden die Erlaubnis erteilt, ihre Häuser direkt an die Stadtmauer zu bauen. Die noch heute vorhandenen zugemauerten Fenster in der Stadtmauer im Bereich der Judengasse bestätigten, dass diese Genehmigung auch genutzt wurde. **(Abb. 56)**

Die auf dem Plan eingetragenen Umfassungsmauern des jüdischen Viertels mit den beiden Toren im Osten und Westen entsprechen ebenfalls dem Zustand um 1500. In den mittelalterlichen Städten waren die jüdischen Wohnbezirke zunächst nicht baulich von ihrer Umgebung abgegrenzt. Wie in Speyer und Mainz lebten auch in Worms Juden und Christen anfänglich in enger Nachbarschaft nebeneinander. **(Abb. 46)** Mittelalterliche Textquellen berichten etwa darüber, dass Juden auch in der Martinsgasse Häuser besaßen. Erst nach

53 Trotz späterer Veränderungen vermittelt die Judengasse in Worms noch einen Eindruck des frühneuzeitlichen Zustandes

1349 wurde die Judengasse zu einem abgeschlossenen Viertel, in dem nur Juden leben durften. **(Abb. 57)**

Wie in Speyer wurden die öffentlichen Gebäude der Gemeinde mit ihren zugehörigen Plätzen und Höfen inmitten des jüdischen Viertels eingerichtet. **(Abb. 58)** Sie bildeten über Jahrhunderte den Mittelpunkt des jüdischen Lebens in der Stadt. Man betritt den Synagogenhof von der Judengasse aus über den Synagogenplatz. An der Frauensynagoge vorbei führt der Weg zum Eingang der Männersynagoge. **(Abb. 59)**

Die Synagoge
Der erste Bau der Wormser Synagoge ist durch eine Bauinschrift, die sich rechts neben dem Portal befindet, auf das Jahr 1034 datiert. **(Abb. 60)** Die Synagoge wurde während des Kreuzzugspogroms im Jahr 1096 schwer beschädigt, danach aber wiederhergestellt und zunächst weiter benutzt.

Das alte Gebäude wurde schließlich durch einen 1174/75 fertiggestellten Neubau ersetzt. Ungefähr zur gleichen Zeit entstand auch der Neubau des Wormser Doms. Und wie ein Vergleich der Steinmetzarbeiten an der neuen Synagoge mit entsprechenden Stücken aus dem Dom bzw. aus den Stiften St. Paul und St. Andreas ergeben hat, kann man davon ausgehen, dass Handwerker aus der Dombauhütte am Bau der Synagoge beteiligt waren.

Der staufische Neubau der Synagoge erhielt die Form einer zweischiffigen Halle. Zwei reich profilierte Säulen in der Mittelachse und eine Reihe von Wandkonsolen tragen das Gewölbe über den Saal. Es ist der erste Bau dieses Typs nördlich der Alpen. Zwischen den beiden Säulen befand (bzw. befindet) sich die Bima, in der Ostwand die Thoranische. **(Abb. 63)**

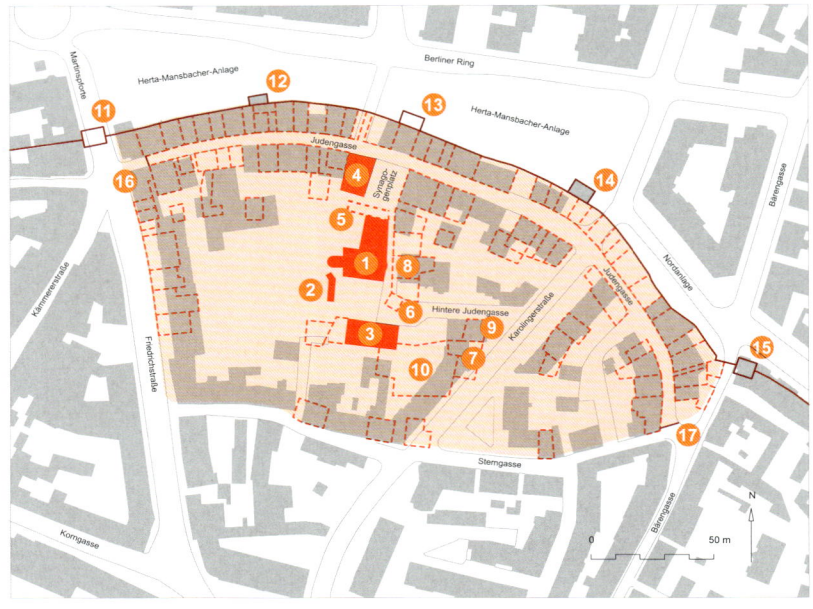

	heutige Bebauung	⑤	Gemeinde- und Mehlstube
	mittelalterliche Stadtmauer	⑥	Mikwe für Männer
	Wohngebiet mit hohem jüdischen Bevölkerungsanteil	⑦	Judenspital
		⑧	Backhaus
	urkundlich nachgewiesene jüdische Wohnhäuser (ungefähre Lage)	⑨	Schlachthaus
		⑩	Weingarten
❶	Synagoge, nördlich Frauensynagoge, westlich Raschikapelle	⑪	Martinspforte
		⑫	Ziegelturm
❷	Mikwe	⑬	Henker- oder Folterturm
❸	Tanzhaus, heute Raschi-Haus	⑭	Scharfrichterturm
❹	„Haus zur Sonne"	⑮	Judenpforte
		⑯	Oberes Judentor
		⑰	Unteres Judentor

55 *Die in Steuerlisten um 1500 erfassten Häuser lassen sich in der Mehrzahl noch lokalisieren. Der Plan zeigt einzelne Parzellen und die öffentlichen Gebäude*

Diese ist auch an der Außenwand als Apsis wahrzunehmen. In der gegenüberliegenden Westwand ist wieder, wie in Speyer, ein Rundfenster angebracht, vermutlich diente dieses Fenster dazu, das Ende oder den Beginn des Tages festzustellen, was im Zusammenhang mit dem Schabbat eine wichtige Rolle spielt: Der Schabbat beginnt am Freitagabend nach Einbruch der Dämmerung und endet am Samstagabend bei Dunkelheit, bzw. wenn man drei Sterne am Himmel erkennen kann. Das Fenster in der Westfassade der Synagoge ermöglichte es, diesen Zeitpunkt während des Gottesdienstes genau zu ermitteln.

Der eigentümliche Grundriss mit den zwei Säulen in der Mitte des Rau-

56 Die Abbildung zeigt einen Abschnitt der Stadtmauer mit Fenstern der Häuser in der Judengasse. Eigentlich war es untersagt Fensterdurchbrüche in der Stadtmauer anzulegen. Die Juden besaßen jedoch ein entsprechendes Privileg

57 Die Stadtansicht von 1630 vermittelt einen Eindruck vom Aussehen des jüdischen Viertels in der frühen Neuzeit. Auffällig ist die enge Bebauung innerhalb der Stadtmauer. In der Zeit vor dem 15. Jahrhundert dürfte es hier weit mehr Freiflächen gegeben haben

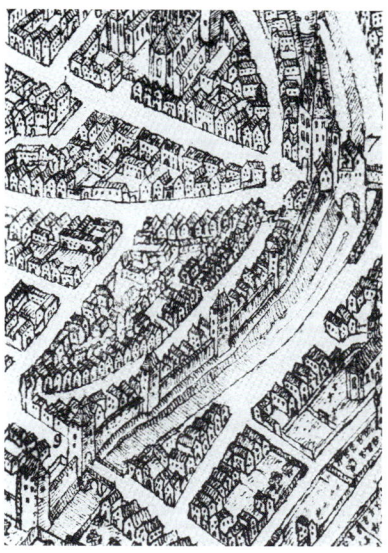

mes, die symbolisch als die beiden Säulen *Jachin* und *Boas* des Tempels in Jerusalem gedeutet werden (1 Könige 7,13ff), wurde bei der Wormser Synagoge zum ersten Mal verwendet. Er sollte stilbildend für spätere Bauten werden und findet sich ebenso bei den gotischen Synagogenbauten in Prag, Regensburg und Wien.

Das jüdische Viertel in Worms

58 Der Synagogenplatz in Worms. In der Bildmitte die Nordfassade der Vorhalle

59 In der Bildmitte der Eingang zur Synagoge. Links die 1212/13 fertiggestellte Frauenschul und rechts die sog. Raschi-Kapelle von 1623/24

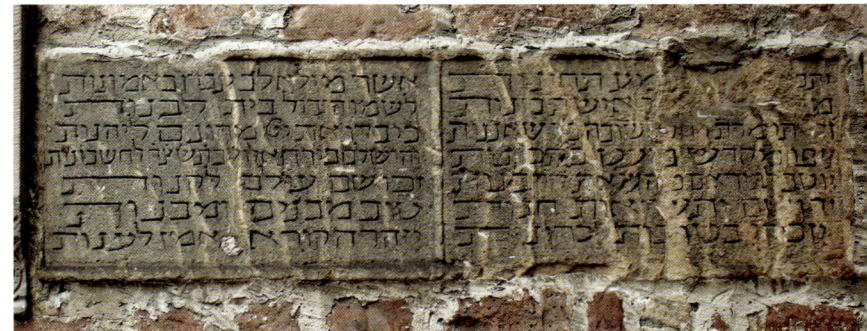

60   Die Inschrift datiert die Errichtung der Synagoge auf das Jahr 1034. Als Stifter werden Jakob ben David und seine Frau Rahel genannt

Nach den Zerstörungen im Zusammenhang mit dem Pestpogrom 1349 erneuerte man unter anderem das Gewölbe, und fügte in der Ostwand die gotischen Fenster ein. Ein weiteres Mal geriet die Synagoge bei der Zerstörung der Stadt im Pfälzischen Erbfolgekrieg im Jahr 1689 in Mitleidenschaft, konnte aber um 1700 wiedererrichtet werden. In der NS-Zeit wurde auch die Wormser Synagoge während des Novemberpogroms 1938 niedergebrannt und in der Folgezeit vollends abgerissen. **(Abb. 61)** Das heutige Gebäude ist eine Rekonstruktion aus den späten 1950er Jahren. **(Abb. 62)** Am 3. Dezember 1961 fand die Wiedereinweihung statt.

Die Frauenschul
Im Laufe der Zeit hat der Baukomplex der Synagoge einige Erweiterungsbauten erhalten. Der wichtigste und älteste davon ist die im Jahr 1212/13 nördlich angefügte „Frauenschul". Nach einer kürzlich auf dem Wormser Friedhof entdeckten Grabinschrift waren Meir Ben Joel Kohen (gestorben 1224) mit seiner Frau Judith Stifter der Frauensynagoge. In der Rahmung der Inschrift auf dem Grabstein ist stilisiert das Portal der Frauenschul dargestellt.

Der in Verlängerung der östlichen Giebelwand der Synagoge rechtwinklig angesetzte Saalbau ist die älteste bekannte Frauensynagoge. Im Grundriss ist sie eine einfache Halle. Das Gewölbe stützt sich auf eine einzelne zentrale Säule und acht Wandkonsolen. Wie die Männersynagoge ist die Frauenschul nach den jeweiligen Zerstörungen erneuert und dem Zeitstil angepasst worden. **(Abb. 64)**

Die beiden großen spitzbogigen Öffnungen, die heute die Verbindung zur Männersynagoge bilden, stellen einen der gravierendsten Eingriffe in den ursprünglichen Bau dar. Sie wurden um 1840 ausgeführt, da die Mehrheit der Wormser Juden im 19. Jahrhundert liberale Vorstellungen pflegte und man die Absonderung der Frauen von den Männern für überholt hielt. Der strenger ausgerichtete Teil der Wormser Gemeinde ließ sich 1842 eine eigene, die sogenannte Levysche Synagoge, errichten. Sie blieb auf ausdrücklichen Wunsch der orthodoxen Juden im Besitz der Gemeinde, um eine Spaltung der Gemeinschaft wie z. B. in Mainz und an anderen Orten zu vermeiden.

Die breiten Durchgänge ersetzen eine schmale Tür und mehrere kleine

61 Die ausgebrannte Synagoge nach dem Novemberpogrom 1938

62 Wiederaufbau der Synagoge in den 1950er Jahren

63 *Blick ins Innere der Ende der 1950er Jahre wiedererrichteten Synagoge*

64 *Die großen Durchbrüche von der Frauenschul zur Männersynagoge wurden erst im 19. Jahrhundert angelegt*

Fenster. Diese waren, ähnlich wie in Speyer, als Schallöffnungen angelegt, so dass die Frauen in ihrem Betraum akustisch am Gottesdienst in der Männersynagoge teilnehmen konnten.

In der Frauenschul gab es eigene Vorbeterinnen – mehrere Inschriften auf dem jüdischen Friedhof in Worms bezeugen ihr Wirken. So kommt in der Grabinschrift für die 1228 verstorbene Malkah, Tochter des Herrn Chalafta, die hohe Achtung und Anerkennung, die man diesem Amt entgegenbrachte, in einer literarischen Umschreibung zum Ausdruck. In gleicher Funktion war nach der Grabinschrift aus dem Jahr 1275 auch Orgiah, Tochter des Abraham, tätig.

Die Frauensynagoge erhielt 1624 auf der Eingangsseite im Norden eine Vorhalle. **(Abb. 58)**

Die Jeschiwa (Raschi-Kapelle)

Die letzte Erweiterung erfuhr die Synagoge im Jahr 1623/24. Der während eines Aufstands der Zünfte im Jahr 1615 beschädigte Bau wurde instand gesetzt und an der Westwand der Synagoge entstand ein kleines, neues Gebäude. Dieses wurde als Jeschiwa, als Lehrhaus, genutzt. Wohl schon seit dem 18. Jahrhundert bezeichnete man es nach dem verehrten Gelehrten als Raschi-Jeschiwa, später auch als Raschi-Kapelle. Im frühen 20. Jahrhundert diente es als jüdisches Museum. **(Abb. 66)**

Die Mikwe

Geht man außen um die Raschi-Kapelle herum, gelangt man zum Eingang der Mikwe, die laut der Bauinschrift im Jahr 1185/86 enstanden ist. Als Stifter wird ein Mann namens Josef genannt. Seine Tochter Judith wiederum stiftete zusammen mit ihrem Mann eine Generation später die Frauenschul. Bei der Planung der Mikwe orientierte man sich an dem etwa 60 Jahre älteren Vorbild in Speyer. Die Gliederung der Räume gleicht sich bis ins Detail: Ein Treppenhaus führt zu einem gewölbten Vorraum, der über drei Fenster zum Badeschacht verfügt, die in zwei Etagen angeordnet sind. Auf der linken Seite des Vorraums befindet sich wieder ein kleiner Nebenraum, auf der rechten Seite der Treppenabgang zum Badeschacht. Insgesamt ist der Bau etwas schlichter ausgestattet und kleiner als das Bad in Speyer. **(Abb. 65)**

Das Tanzhaus

Im Freigelände gegenüber der Synagoge steht seit 1982 das sogenannte Raschi-Haus. Es wurde Anfang der 1980er Jahre auf den mittelalterlichen Kellern des ehemaligen Tanzhauses der jüdischen Gemeinde neu errichtet. Das Tanz- oder Hochzeitshaus war im Mittelalter ein öffentlicher Versammlungsraum der jüdischen Gemeinde, in dem Hochzeiten und andere Feste gefeiert wurden. Später diente es als Lehrhaus und Rabbinerwohnung sowie als jüdisches Altersheim. 1971 wurde es von der Stadt abgerissen. Heute beherbergt das Raschi-Haus in den oberen Geschossen das Wormser Stadtarchiv. Im Erdgeschoss und im Keller bietet das Jüdische Museum – eines der ersten jüdischen Museen, die in der Bundesrepublik Deutschland entstanden – einen Rundgang durch die Geschichte der Wormser Juden. Spolien der historischen Bauten und mittelalterliche Urkunden illustrieren die Entwicklung des jüdischen Viertels in Worms. **(Abb. 67)**

65 *Die Wormser Mikwe ist dem älteren Speyerer Bad in der Struktur sehr ähnlich, in der Ausführung aber schlichter und etwas kleiner*

66 Das 1623/24 errichtete Lehrhaus wurde von David Oppenheim gestiftet, der auch die Erneuerung der Gebäude am jüdischen Friedhof finanzierte

Talmud

Nach der Zerstörung des Tempels in Jerusalem durch die Römer im ersten jüdisch-römischen Krieg im Jahr 70 n.Chr. formierte sich das Judentum neu. Das Ende des Tempeldienstes und der staatlichen Autonomie sollte nicht das Ende des jüdischen Volkes und der jüdischen Tradition bedeuten. Die Grundlagen für die Entstehung des rabbinischen Judentums bildeten die hebräische Bibel, die „schriftliche Lehre", einerseits und die „mündliche Lehre" andererseits. Diese wiederum bestand aus der *Halacha* (Religionsgesetz) und der *Aggada* (erzählerische Teile) und wurde um 200 ebenfalls schriftlich niedergelegt, und zwar in der sogenannten *Mischna* (Wiederholung). Die Diskussion der Gelehrten über die Mischna, deren Texte in den folgenden Jahrhunderten gesammelt wurden, bildet die Grundlage für den *Talmud* (Belehrung / Studium). Entsprechend den beiden Zentren der jüdischen Gelehrsamkeit in der Spätantike entstanden zwei Talmud-Versionen: eine im Heiligen Land (palästinischer Talmud, 5. Jahrhundert) und der im 7. Jahrhundert abgeschlossene babylonische Talmud, der in der jüdischen Diaspora kanonische Wirkung erlangte. Damit war der Prozess des Diskutierens und Kommentierens jedoch keineswegs beendet. So verfassten z.B. Rabbiner Rechtsgutachten, sogenannte Responsen, d.h. Antworten auf strittige Fragen über die Auslegung des jüdischen Rechts. Mit der Zeit entwickelte sich aus der Sammlung von Kommentaren, Responsen u.a. ein komplexes Regelwerk, das immer weiter entwickelt und den sich verändernden Lebensweisen angepasst wurde. Die Gelehrten in den jüdischen Gemeinden von Mainz, Worms und Speyer hatten daran wesentlichen Anteil.

67 Das heutige Raschi-Haus wurde auf den Grundmauern des spätmittelalterlichen Tanzhauses errichtet

Der alte jüdische Friedhof von Worms

Es muss wie ein Wunder erscheinen, dass nach fast 1000 Jahren wechselvoller Geschichte und einer langen Reihe von Bedrohungen und Zerstörungen der alte jüdische Friedhof von Worms noch immer in weiten Teilen vorhanden ist. Insgesamt stehen auf dem Gelände heute noch mehr als 2.500 Grabsteine aus dem 11. bis 20. Jahrhundert. **(Abb. 68)**

Geschichte und Besonderheiten
Der Friedhof ist eine der wichtigsten Einrichtungen einer jüdischen Gemeinde. Nach jüdischer Vorstellung darf ein Friedhof nicht aufgehoben und anderweitig genutzt werden, er besteht als „Haus der Ewigkeit" für immer. Da man sich verunreinigt, wenn man den Friedhof besucht, sollte er sich außerhalb der jüdischen Siedlung befinden – so auch in Worms, wo der Friedhof offenbar bereits in der Zeit, als auch die erste Synagoge in Worms entstand, angelegt wurde. Der älteste datierte Grabstein stammt aus dem Jahr 1076. Etwa 70 Grabsteine aus dem 11. und 12. Jahrhundert haben sich bis heute erhalten. Der Wormser „Heilige Sand" ist damit der älteste jüdische Friedhof in Europa. Das Gelände liegt weit entfernt von der Judengasse südwestlich der mittelalterlichen Stadt zwischen der heutigen Alzeyer Straße und dem Willy Brandt-Ring. Diese moderne Straße nimmt den Verlauf der mittelalterlichen Stadtbefestigung auf. Das Gelände war anfänglich offenbar nicht weiter befestigt. Eine erste Umfassungsmauer wurde im Jahr 1260 errichtet. Sie sollte auf Betreiben der christlichen Bürgerschaft bereits im Jahr 1278 wieder niedergelegt werden. Der jüdischen Gemeinde gelang es

69   Das Leichenwaschhaus auf dem alten Friedhof in Worms

gleichwohl, die Zerstörung abzuwehren, indem sie eine Zahlung von 400 Pfund Heller an die Stadt leistete.

Der Heilige Sand wurde schließlich im 14. Jahrhundert bei der Erweiterung der Stadtbefestigung in den äußeren Mauerring einbezogen. Eine Neugestaltung des Eingangsbereichs des Friedhofs ist für das Jahr 1625 belegt. David Oppenheim (gestorben 1642) stiftete die nötigen Mittel für die Wiedererrichtung des Leichenwaschhauses, das 1615 von den aufständischen Wormser Zünften zerstört worden war. Oppenheim ist auch als wichtiger Stifter bei der Wiedererrichtung der Synagoge in Erscheinung getreten. Bis heute sind das Leichenwaschhaus sowie ein Brunnen und eine Inschrift mit dem großen Totengebet erhalten, die auf die Stiftungen David Oppenheims zurückgehen. **(Abb. 69)**

68   *Der Heilige Sand ist einer der ältesten erhaltenen jüdischen Friedhöfe in Europa*

Im Jahr 1661 wurden Teile der Umfassungsmauer geschleift. Nach der Zerstörung der Stadtbefestigung in diesem Bereich während des Pfälzischen Erbfolgekriegs stand zusätzlich ein Geländestreifen westlich des mittelalterlichen Teils für Bestattungen zur Verfügung. Dieser höher gelegene Teil des Friedhofs wurde bis 1911 genutzt. Im selben Jahr wurde der neue jüdische Friedhof auf der Hochheimer Höhe eröffnet. Er grenzt östlich an den Wormser Hauptfriedhof. Die Umfassungsmauer mit dem Pförtnerhaus und die Trauerhalle sind erhalten. Die Anlage wurde 1911 nach einem Entwurf des damaligen Stadtbaumeisters Georg Metzler errichtet. Die Trauerhalle im sogenannten Darmstädter Jugendstil wurde aufwändig restauriert und steht seit 2005 wieder für die ursprüngliche Nutzung zur Verfügung. **(Abb. 70)**

Die NS-Zeit überstand der Friedhof ohne nennenswerte Beschädigungen. Allerdings zerstörten Fliegerbomben

70 Die 1911 in der Formensprache des Darmstädter Jugendstils errichtete Trauerhalle auf dem neuen jüdischen Friedhof in Worms

1945 einige wertvolle Grabsteine, unter anderem der Grabstein des Rabbi Baruch (gestorben 1281), des Vaters des Rabbi Meir von Rothenburg, von dem noch die Rede sein wird. Zahlreiche bei den Luftangriffen auf das Bahngelände zerstörte Grabsteine konnten nach dem Krieg geborgen und restauriert werden. Durch die Wiederherstellung der Umfassungsmauer und des Vorplatzes im Jahr 1956 wurde der Heilige Sand erneut zu einer geschlossenen Anlage.

Die besondere Bedeutung des jüdischen Friedhofs in Worms wurde bereits in der Mitte des 19. Jahrhunderts erkannt. In dieser Zeit gab es erste Ansätze für eine systematische Untersuchung der Grabsteine und ihrer Inschriften. Das von der jüdischen Gemeinde getragene Projekt blieb jedoch unvollendet. **(Abb. 71)**

Gegenwärtig wird der Wormser Friedhof in einem mehrjährigen Forschungsprojekt durch die Generaldirektion Kulturelles Erbe Rheinland-Pfalz, das Institut für Europäische Kunstgeschichte der Universität Heidelberg und das Salomon Ludwig Steinheim-Institut für deutsch-jüdische Geschichte an der Universität

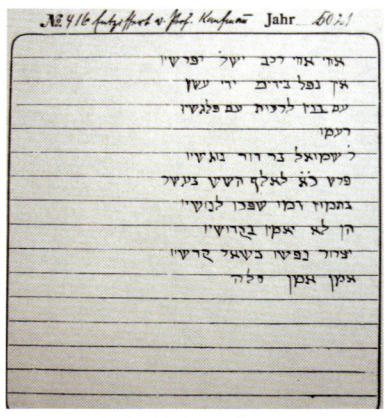

71 Handschriftliche Aufnahme einer Grabinschrift vom Heiligen Sand in Worms

Düsseldorf-Essen wissenschaftlich untersucht. Die Bearbeitung konzentriert sich, da archäologische Ausgrabungen aufgrund der religiösen Vorschriften ausscheiden, auf die kunsthistorische und epigraphische Betrachtung der Grabsteine und ihrer Inschriften. Neben einer exakten Vermessung des Friedhofsgeländes wurden dazu die stilistischen Merkmale sowie die Bearbeitungsspuren an den einzelnen Grabsteinen dokumentiert und analysiert. Eine umfassende Edition und wissenschaftliche Auswertung der Inschriften ist ein weiteres Ziel der Untersuchung. Dazu werden die Inschriften der Grabmale durch das Steinheim-Institut in einer epigraphischen Datenbank erfasst.

Topographie
Auf dem alten jüdischen Friedhof in Worms gibt es innerhalb der Ummauerung einen separaten Vorhof zum eigentlichen Gräberfeld. Eine ähnliche Anlage zeigen auch andere Friedhöfe, zum Beispiel der jüdische Friedhof in Frankfurt. Der Vorhof ist durch eine weitere Mauer vom Friedhof abgetrennt. Hier findet sich ein zentraler Brunnen zur Reinigung der Hände nach dem

Tod und Bestattung

Im Judentum, insbesondere im aschkenasischen Kulturkreis, haben sich besonders ausgeprägte Regeln, Vorschriften und Gebräuche für den Umgang mit dem Tod, der Bestattung der Verstorbenen und der Trauer bzw. des Totengedenkens entwickelt.

Tod und Trauer
Tod und Sterben war in den jüdischen Gemeinden im Mittelalter, wie bei den Christen auch, eine öffentliche Angelegenheit. So trauerte bei einem Todesfall nicht nur die Familie, sondern auch Freunde und Nachbarn, und das Totengedenken fand in der Synagoge zusammen mit der Gemeinde statt. (Abb. 72)
Tod und Beerdigung eines Menschen folgen im Judentum normalerweise einem festgelegten Ablauf: Liegt ein Mensch im Sterben, so versammeln sich die Angehörigen um ihn. Sofern es möglich ist, regelt der Sterbende zunächst sein Vermächtnis. Er segnet seine Kinder und bekennt seine Sünden, meist wird das *Widduj-Gebet* (Sündenbekenntnis) gesprochen. Die Anwesenden lesen aus der Thora und rezitieren Psalmen. Nach dem Eintreten des Todes reißen die Angehörigen zum Zeichen ihrer Trauer ein Kleidungsstück ein.
Es beginnt nun der erste Teil der Trauerzeit, der bis zur Beerdigung des Toten dauert. In dieser Zeit wird der Tote nicht allein gelassen, es wird in seinem Haus eine Totenwache gehalten. Die Beerdigung soll möglichst noch am Sterbetag oder jedenfalls so schnell wie möglich nach dem Eintritt des Todes erfolgen. Nach dem Tod wird der Verstorbene wie ein Gegenstand höchster Verehrung behandelt. Kurz vor der Bestattung wird der Leichnam einer rituellen Waschung unterzogen. Dies kann im Haus des Toten geschehen oder an einem speziellen Ort auf dem Friedhof, dem *Taharahaus* (Leichenwaschhaus). Nach der Waschung des Toten wird dieser in ein weißes Gewand gekleidet und be-

kommt eine weiße Kopfbedeckung. Männern wird zusätzlich ihr Gebetsmantel (*Tallit*) angelegt. Am Tallit werden symbolisch die Fransen, die für die Ausübung der religiösen Pflichten stehen, abgeschnitten. Die eigentliche Bestattung findet ohne aufwändige Zeremonie statt, es soll dabei jeder Prunk unterbleiben. Der Leichnam wird in die Erde gelegt und begraben. Im Mittelalter wurden keine Särge verwendet. Feuerbestattungen waren nicht zulässig. Für die Trauernden beginnt jetzt die zweite, siebentägige Trauerzeit, in der die Trauernden weder arbeiten noch das Haus verlassen. Daran schließt sich eine dritte Trauerzeit an, die 30 Tage dauert. In dieser trägt man die eingerissene Trauerkleidung und verzichtet auf allen Schmuck. Ist der Verstorbene ein Elternteil, trauert man ein ganzes Jahr.

Besonders begangen wird der Jahrestag des Todes (Jahrzeittag). Die Angehörigen besuchen das Grab auf dem Friedhof und sprechen in der Synagoge mit der Gemeinde das Kaddisch, das Totengebet. Im aschkenasischen Judentum entwickelten sich – beeinflusst durch christliche Bräuche und Vorstellungen – im Mittelalter vielfältige Formen des individuellen und kollektiven Gedenkens an die Toten, insbesondere an Märtyrer und Gelehrte, sowohl auf dem Friedhof als auch in der Synagoge.

Friedhof

Der Friedhof hat im Judentum einen ganz besonderen Stellenwert. So ist die Einrichtung eines Friedhofs und seine dauerhafte Bewahrung für eine jüdische Gemeinde wichtiger als die Errichtung einer Synagoge – es soll die Ruhe der Toten bis zur Auferstehung am Ende der Zeiten sichergestellt sein. Eine Umbettung von Toten oder gar die Auflösung eines Friedhofs ist nicht statthaft. Die Juden kennen daher keine ehemaligen Friedhöfe, die Gräber werden als unveräußerliches Eigentum der Bestatteten betrachtet. Um eine entsprechende Kontinuität sicherzustellen, strebten die jüdischen Gemeinden an, das Gelände für einen Friedhof zu erwerben, doch war dies im christlichen Europa häufig nicht möglich. Man versuchte außerdem, die Friedhöfe durch Einfriedung mit Hecken oder Ummauerung gegen fremde Eingriffe zu sichern. Gelegentlich wurden sogar Häuser für Wächter bei den Friedhöfen errichtet. Doch trotz all dieser Maßnahmen wurden viele jüdische Friedhöfe zerstört und geplündert, vor allem in Zeiten der Verfolgung und Vertreibung.

Wie in der antiken Tradition wurden jüdische Friedhöfe niemals in Wohngebieten, sondern immer außerhalb der Stadtmauern angelegt. Dies hat vor allem religiöse Gründe: Der Kontakt mit Toten und der Besuch des Friedhofs gelten aufgrund biblischer Vorschriften als Verunreinigung. Nach einem Besuch am Grab muss man sich daher rituell reinigen. Zu diesem Zweck findet sich auf einem jüdischen Friedhof meist ein Brunnen oder Waschbecken.

Eine bestimmte Personengruppe, die Nachkommen der mit dem Tempeldienst in Jerusalem beauftragten Priester (*Kohen*, Plural: *Kohanim*), darf den Friedhof nicht betreten, da sie sich allein durch das Betreten des Friedhofs zu sehr verunreinigen würden. Für sie wurden gelegentlich Fenster in die Friedhofsmauer eingelassen, die den Blickkontakt zu den Gräbern der Angehörigen von außen ermöglichten. Auch am Schabbat oder an Feiertagen wird der Friedhof nicht betreten.

Heute werden als Zeichen des Andenkens für den Verstorbenen häufig kleine Steine auf die Grabmonumente gelegt. Für den Brauch gibt es verschiedene Erklärungen, eine davon bezieht sich auf eine Bibelstelle: „Im Schweiße deines Angesichts sollst du dein Brot essen, bis du zurückkehrst zum Ackerboden; von ihm bist du ja genommen. Denn Staub bist du, zum Staub musst du zurück." (Gen 3, 19)

72 *Ein Trauerzug aus dem jüdischen Viertel in Mainz auf dem Weg zum Friedhof (Zeichnung aus dem 18. Jahrhundert)*

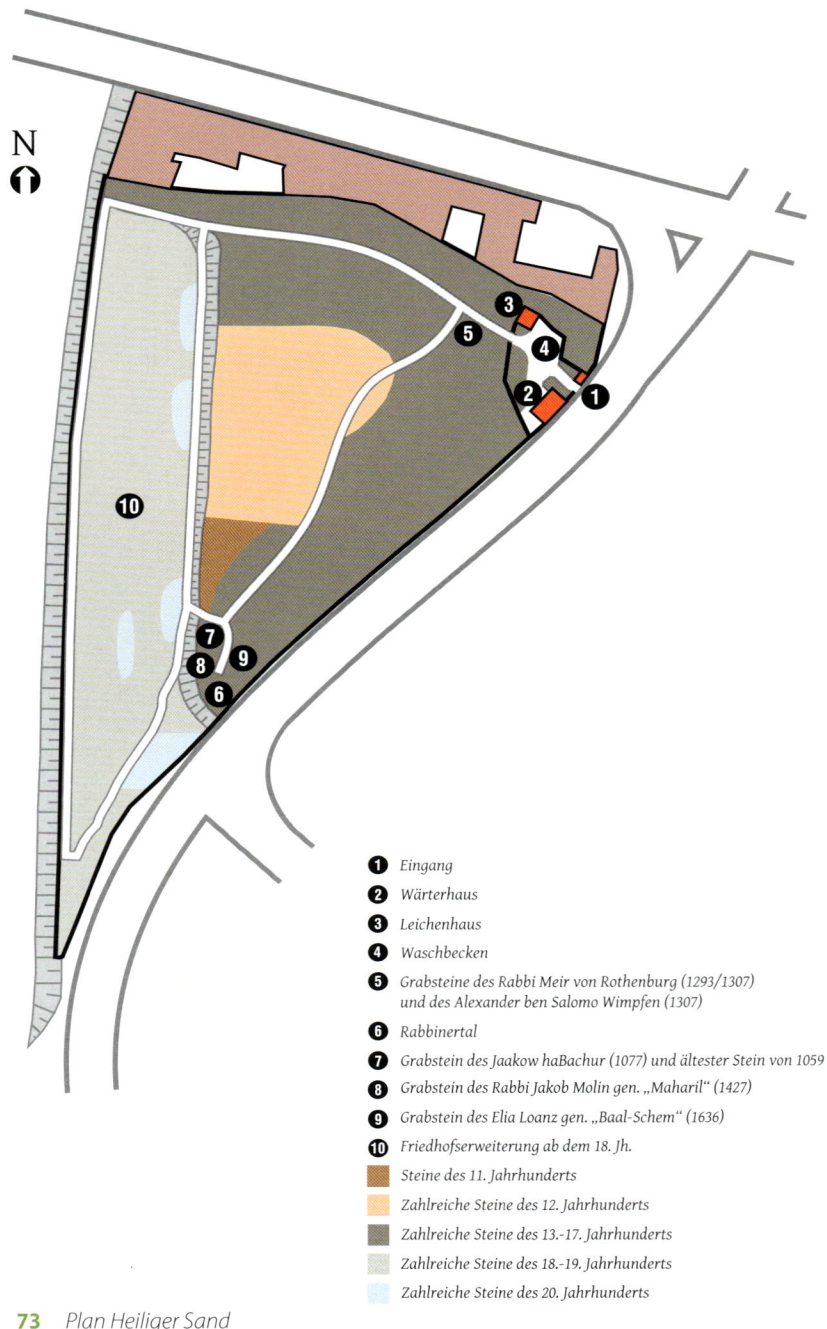

73 *Plan Heiliger Sand*

Friedhofsbesuch. Am eigentlichen Eingang zum Friedhof befindet sich das Taharahaus, das auf die Stiftung durch David Oppenheim aus dem Jahr 1625 zurückgeht. Die Stifterinschrift ist noch erhalten. Eine weitere Inschrift gibt das Gebet wieder, das ein Besucher spricht, der den Friedhof länger als 30 Tage nicht betreten hat. Die Eingangstür zu dem annähernd quadratischen Taharahaus im Vorhof hat eine Entsprechung auf der Rückseite des Gebäudes, die den direkten Zugang zum Gräberfeld ermöglicht. Das Gebäude, das 1840 renoviert wurde, befand sich nach dem Krieg in ruinösem Zustand und wurde 1956 teilweise neu errichtet.

Der Friedhof gliedert sich in zwei Bereiche: den tiefer gelegenen mittelalterlichen Teil und den nach 1689 genutzten jüngeren Teil. **(Abb. 73)** Innerhalb der Bereiche gibt es keine strenge chronologische Gliederung, es finden sich häufig Gräber unterschiedlichen Alters in direkter Nachbarschaft. In der südlichen Spitze des älteren Friedhofsteils ist eine große Zahl von Gelehrten und Rabbinern der Gemeinde beerdigt, der Bereich wird daher auch Rabbinertal genannt. Im angrenzenden Areal, vor allem entlang der Böschung zum jüngeren Teil, finden sich einige der ältesten Gräber aus dem 11. und 12. Jahrhundert. Abweichend von der Mehrzahl der jüdischen Friedhöfe, die nach Osten in Richtung Jerusalem, ausgerichtet sind, weisen die meisten Gräber des Heiligen Sandes nach Süden. Die Grabsteine stehen dabei an der Kopfseite im Norden, so dass die Besucher der Gräber wie die Bestatteten nach Süden blicken. Die Gründe für diese Anordnung der Gräber auf dem Friedhof in Worms sind bis heute nicht bekannt.

Von den 1.300 Grabsteinen des ursprünglichen Areals stammen 800 aus dem Mittelalter. Auf dem westlich anschließenden Bereich, vom 18. Jahrhundert bis 1911 belegt, befinden sich weitere 1.200 Epitaphien. Bislang konnten ca. 600 Grabsteine wissenschaftlich untersucht werden. Etwa 70 stammen aus dem 11. und 12. Jahrhundert, sie dokumentieren die erste Blütephase der jüdischen Gemeinde in Worms. Eine Gruppe von ca. 200 Steinen datiert ins 13. Jahrhundert, weitere 120 Grabmonumente in die erste Hälfte des 14. Jahrhunderts und etwa 60 in die Zeit bis um 1500.

Grabsteine

Die unbedingte Einhaltung der Totenruhe verlangte nach einer dauerhaften Kennzeichnung der Gräber. Damit spätere Bestattungen ältere Gräber nicht beeinträchtigen, ließen wohlhabende Juden ihre Grabstellen durch Steine markieren. Zentrales Gestaltungselement dieser Monumente sind die teils aufwändig kalligraphisch ausgearbeiteten Grabinschriften, in denen sich auch die besondere Bedeutung und Wertschätzung der Schrift in der jüdischen Kultur spiegelt. Auch auf Grund des Bilderverbots sind jüdische Grabsteine gewöhnlich sehr schlicht gehalten, nur selten sind Symbole oder bildliche Darstellungen ergänzend zu den Textfeldern zu finden: In einigen Fällen – z. B. auf dem Grabstein des Rabbiners Naphtali Hirsch Spitz – sind sprechende Namen durch entsprechende (Wappen-) Bilder ergänzt. **(Abb. 74)**

Gelegentlich sind die Bestatteten durch besondere Attribute als Angehörige bestimmter Gruppen gekennzeichnet. Die Grabsteine der Angehörigen des Priestergeschlechts, die als Nachkommen der Tempelpriester mit dem Beinamen *Kohen* bezeichnet wurden, sind beispielsweise oft durch die Darstellung segnender Hände hervor-

74 *Grabstein des Naphtali Hirsch Spitz im Rabbinertal (1712)*

75 *Grabstein der Sagira bat Samuel (1172)*

76 *Grabstein des Jakob (1076/77)*

77 *Grabstein des Jakob ben Moses ha-Levi Molin genannt Maharil (gest. am 14. September 1427 in Worms)*

gehoben. Auf Grabsteinen von Nachfahren der Leviten, die im Tempel den Priestern assistierten und ihnen u.a. vor dem Opferkult die Hände wuschen, sind als Symbol ihrer Tätigkeit die sogenannten Levitenkannen dargestellt.

Bei einem Rundgang über den Friedhof können sich auch Besucher, die des Hebräischen nicht mächtig sind, an der abwechslungsreichen Gestaltung der Grabsteine orientieren:

Die ältesten erhaltenen Grabsteine sind in ihrer Erscheinung sehr schlicht. Die einfachen langrechteckigen Stelen tragen auf ihrer geglätteten Vorderseite als einzigen Schmuck die Grabinschrift. Meist sind die einzelnen Textzeilen durch eingeritzte Linien voneinander getrennt. Weitere Linien umfassen das gesamte Textfeld. Seit dem 12. Jahrhundert sind die Textfelder häufig eingetieft, so dass die Grabsteine einen umlaufenden, teils durch architektonische Zierglieder hervorgehobenen Rahmen zeigen. Im 13. Jahrhundert überwiegen andere Formen, z.B. solche mit bogenförmigem Abschluss. Auch bei diesen Steinen ist das Inschriftenfeld meist gegenüber der Rahmung deutlich eingetieft. Zu Beginn des 14. Jahrhunderts variieren die Formen der Grabsteine schließlich erheblich, viele Stücke sind individuell gestaltet.

Die neuzeitlichen Grabsteine unterscheiden sich deutlich von den mittelalterlichen Exemplaren. Sie folgen dem jeweils prägenden Zeitstil sowohl in der Gestaltung der Steine als auch im Schriftbild. Nach der Auffindung eines entsprechenden Vorbilds im Jahr 1740 durch einen Wormser Rektor wurden häufig Doppelepitaphien in Form der Gesetzestafeln angefertigt, die Moses am Berg Sinai von Gott empfing. Die Gestaltung der Grabmäler im jüngsten Teil des Friedhofs nähert sich schließlich der Form christlicher Grabsteine, wie sie im 19. Jahrhundert üblich waren. In dieser Zeit tritt auch die Ausschmückung der Gräber durch Einfriedungen oder Blumenschmuck auf.

Einzelne Grabsteine

Der älteste Stein des Wormser Friedhofs ist am Rand des sogenannten Rabbinertals zu finden. **(Abb. 76)** Der schlichte rechteckige Stein trägt eine fünfzeilige Inschrift, die von einer flachen Ritzlinie gerahmt ist. Die Übersetzung der Inschrift lautet:

> *Dies ist der Leichenstein des Jakob*
> *ha-bachur, welcher verschied*
> *im Jahre 4837 (= 1076/77)*
> *nach der Zeitrechnung. Seine Seele ruhe*
> *im Bündel des Lebens!*

[nach O. Böcher]

Der Grabstein der Sagira bat Samuel galt durch eine Fehldatierung in die Zeit um 900 lange Zeit als der älteste erhaltene jüdische Grabstein in Deutschland. Tatsächlich stammt er aus dem Jahr 1172. **(Abb. 75)**

Die Grabsteine von Rabbi Meir von Rothenburg, genannt Maharam (links), und Alexander ben Salomo Wimpfen sind sicherlich die meistbesuchten Grabstätten des Wormser Friedhofs. **(Abb. 78)** Rabbi Meir, der um 1220 als Sohn von

Rabbi Baruch ben Meir (gestorben 1281) in Worms geboren wurde, war ein weithin bekannter und einflussreicher Rechtsgelehrter. Nach seinem Studium in Mainz, Würzburg und Paris ließ er sich in Rothenburg ob der Tauber nieder. Vor dem Hintergrund einer ihm zugeschriebenen Auswanderungsbewegung der Juden in das Heilige Land wurde Meir 1286 durch König Rudolf von Habsburg gefangen genommen und auf der Festung Ensisheim im Elsass eingekerkert. Der König verlangte als Ersatz für den Steuerausfall durch die Auswanderung ein Lösegeld von den jüdischen Gemeinden. Meir lehnte dies ab und starb 1293 in der Haft. Die Auslösung des Leichnams gelang dem Kaufmann Alexander ben Salomo Wimpfen erst 14 Jahre später durch die Zahlung einer gewaltigen Summe. Laut der Überlieferung soll er sein gesamtes Vermögen in Höhe von 20.000 Mark Silber dafür eingesetzt haben. Nur kurze Zeit später verstarb auch Alexander. Er wurde neben dem verehrten Rabbi Meir bestattet.

Maharam, unser Lehrer Meir.
Dieses Zeichen steht zu Häupten unseres Lehrers und Meisters Meir, des Sohnes des R. Baruch, den der römische König am vierten Tamus des Jahres 5046 [27. Juni 1286] *gefangen hatte.*
Er starb in Gefangenschaft am 19. Ijjar des Jahres 5053 [27. April 1293] *und wurde nicht zur Bestattung* [frei]*gegeben bis zum vierten des Monats Adar des Jahres 5067* [7. Februar 1307].
Seine Seele weile
bei den Seelen der Gerechten der Welt
im Garten Eden! Amen, Amen, Sela.

[nach O. Böcher]

78 *Grabsteine Rabbi Meir von Rothenburg (gest. 1293) und Alexander ben Salomo Wimpfen (gest. 1307)*

79 Vergoldeter Silberpokal der Wormser Beerdigungsbruderschaft (1609). Die Umschrift lautet: „kahal kadosch warmsia – Heilige Gemeinde Worms"

Der Grabstein des berühmten Mainzer Gelehrten Rabbi Jakob ben Moses ha-Levi Molin, genannt Maharil (1375–1427), ist als einziges Grabmonument auf dem Heiligen Sand in Worms genau nach Osten ausgerichtet. **(Abb. 77)** Maharil hatte sich dies noch zu Lebzeiten erbeten. Ebenso wünschte er, dass andere Gräber zu seiner letzten Ruhestätte mindestens vier Ellen Abstand halten sollten. Die lyrisch gehaltene Grabinschrift ist leider nur unvollständig erhalten:

> [...] der Mond verfinsterte sich,
> als er heimging, der einer wohlgereiften
> Frucht vergleichbar war wegen seiner
> großen [...]

[nach O. Böcher]

Vom Maharil sind unter anderem Talmudkommentare überliefert. Besonders einflussreich war seine Sammlung religiöser Gebräuche (Sefer Minhagim), die einer seiner Schüler veröffentlichte und die im aschkenasischen Kulturkreis große Verbindlichkeit erlangte.

Gebetsbruderschaften

„Höre, Israel, der Herr ist unser Gott, der Herr allein." (5. Mose, 6,4)

Wenn ein Mensch im Sterben liegt, soll er das Glaubensbekenntnis sprechen. Es gehört bis heute zu den wichtigsten Aufgaben der Gebetsbruderschaften, der Chewra Kadischa, mit dem Sterbenden das Sch'ma Israel zu beten oder es ihm vorzusprechen.

Vermutlich stammt dieser Brauch ursprünglich aus Spanien und kam mit der Vertreibung der dortigen Juden, der Sefarden, im Spätmittelalter nach Nordeuropa. Der älteste Beleg einer Chewra Kadischa im aschkenasischen Raum stammt aus dem Jahr 1564, er bezieht sich auf eine entsprechende Einrichtung in der jüdischen Gemeinde Prags. In Deutschland lässt sich in der Folgezeit eine große Anzahl solcher Beerdigungsgesellschaften nachweisen. Nach Frankfurt (1597) wurden beispielsweise in Worms (1609) und Mainz (1662) Bruderschaften gegründet. **(Abb. 79)**

Die Mitgliedschaft in einer der Bruderschaften gilt als fromme Pflicht (Mizwa). Ursprünglich waren die Gesellschaften Männern vorbehalten, es entstanden jedoch schon in der Frühen Neuzeit auch Chewrot für Frauen. Die Mitgliedschaft in einer Chewra gilt als hoch angesehenes Amt. Neben der Vorbereitung des Toten für die Bestattung kümmert sich die Chewra Kadischa auch um andere wohltätige Aufgaben.

Museen

Jüdisches Museum im Raschi-Haus

Das Raschi-Haus wurde Anfang der 1980er Jahre auf den Kellern des mittelalterlichen Tanzhauses errichtet. Der 1982 fertiggestellte Bau beherbergt das Jüdische Museum sowie das Stadtarchiv. Im Erdgeschoss und im Keller des Gebäudes bietet das Jüdische Museum einen Rundgang durch die Geschichte der jüdischen Gemeinde in Worms. Spolien von den historischen Bauten, Urkunden, sowie Dokumente und historische Fotografien illustrieren die Entwicklung des jüdischen Viertels

80 *Museum: Das Museum der Stadt Worms im Andreasstift*

in Worms vom Mittelalter bis in die NS-Zeit.

Eine Ausstellungsabteilung im Untergeschoss ist den wichtigsten jüdischen Feiertagen im Jahresablauf gewidmet. Eine Reihe von Exponaten vermittelt in einem weiteren Raum Einblicke in die religiösen Gebräuche des Judentums. Die letzte Abteilung hat die Schabbatfeier zum Thema. Neben kostbaren Gerätschaften, die im Zusammenhang mit dem Feiertag eine Rolle spielen, ist in einem eigenen Raum eine Thorarolle ausgestellt. Die Präsentation vermittelt einen Einblick in die Bedeutung der Schrift und den Umgang mit der Thora während des feiertäglichen Gottesdienstes. **(Abb. 81)**

Jüdisches Museum
im Raschi-Haus Worms
Hintere Judengasse 6
67547 Worms
Tel.: (06241) 853-4701 und -4707

E-Mail: stadtarchiv@worms.de
Internet: www.worms.de/deutsch/kultur/museen/raschi_haus.php

Öffnungszeiten
April – Oktober: Di – So 10.00–12.30 und 13.30–17.00 Uhr
November – März: Di – So 10.00–12.30 und 13.30–16.30 Uhr

Museum der Stadt Worms im Andreasstift

Das Museum der Stadt ist in den spätromanischen Gebäuden des ehemaligen Andreasstifts untergebracht. Es beherbergt die der Stadt Worms geschenkten Sammlungen des Altertumsvereins. Der Schwerpunkt der Museumsbestände liegt im Bereich der archäologischen Funde. Die Ausstellung illustriert die Geschichte der Stadt anhand von Exponaten, die von der Vorgeschichte bis in die Neuzeit reichen. Auch der jüdischen Geschichte von Worms ist ein Teil der

Ausstellung gewidmet. Zur Zeit wird eine neue Dauerausstellung der Stadtgeschichte seit dem Mittelalter erarbeitet. Im Außenbereich, dem Kreuzgang des Stifts, sind historische Grabsteine und andere Spolien zu sehen. **(Abb. 80)**

Museum der Stadt Worms
im Andreasstift
Weckerlingplatz 7
67547 Worms
Tel.: (06241) 94639-0
E-Mail: museum@worms.de
Internet: www.museum.worms.de

Öffnungszeiten
täglich außer Mo 10.00–17.00 Uhr

Das Nibelungenmuseum
Das in zwei Türmen der staufischen Stadtbefestigung untergebrachte Nibelungenmuseum ist als begehbares Hörbuch konzipiert. Die Nibelungengeschichte in allen ihren Aspekten bis hin zur Rezeptionsgeschichte sowie Mythen und Sagen der Welt ist Thema der Medien-Inszenierung.

Die Mitarbeiter des Nibelungenmuseums entwickeln auch das Museumspädagogische Programm für die anderen Museen der Stadt. Hier gibt es unter anderem auch Angebote zur jüdischen Geschichte in Worms. **(Abb. 80)**

Nibelungenmuseum Worms
Kultur und Veranstaltungs GmbH
Fischerpförtchen 10
67547 Worms
Tel.: (06241) 202120
E-Mail: nibelungenmuseum@kvg-worms.de
Internet: www.worms.de/extern/nibelungenmuseum/

Öffnungszeiten
Di – Fr 10.00–17.00 Uhr
Sa, So und Feiertage 10.00–18.00 Uhr

81   *Im Raschi-Haus sind heute das Stadtarchiv und das Jüdische Museum untergebracht. Die Ausstellung vermittelt Einblicke in die religiösen Gebräuche und beschreibt die wichtigsten jüdischen Feiertage im Jahresablauf. Viele der Ausstellungsstücke wurden dem Museum von emigrierten Wormser Juden zur Verfügung gestellt.*

Mainz

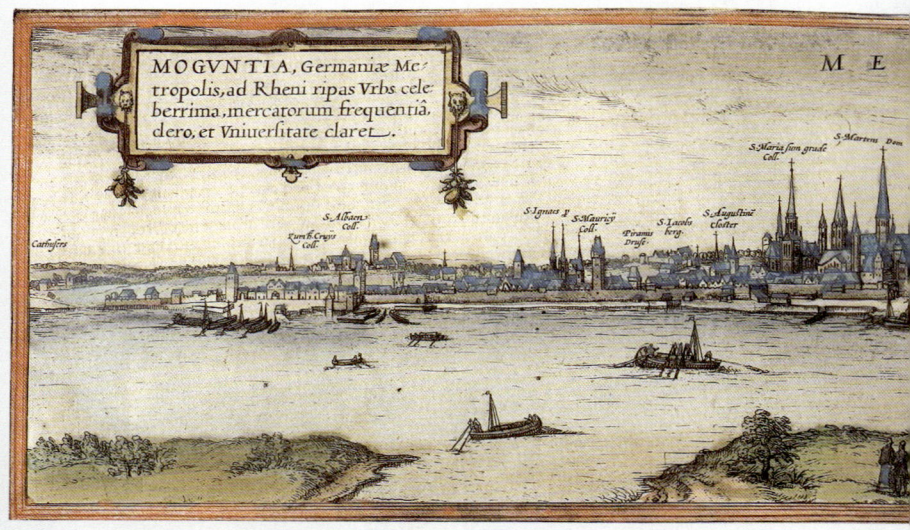

82 *Historische Stadtansicht von Mainz von Franz Hogenberg (1582)*

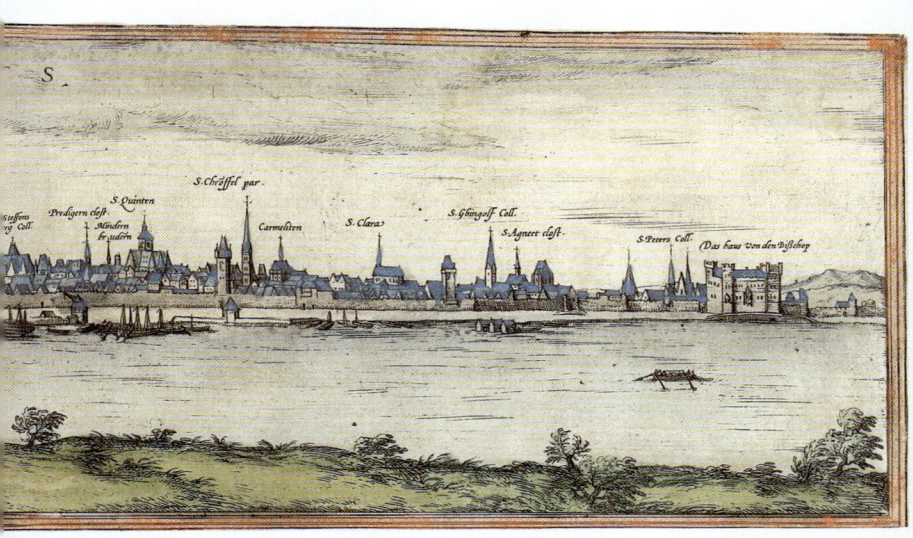

Auch zwischen Worms und Mainz ist die B9 gewissermaßen die moderne Variante der seit der Antike genutzten Uferstraße. Zwar führen Teile der Strecke durch die ausgedehnten Industriegebiete der beiden Städte, und die heutige Straße weicht teils von der historischen Streckenführung ab – die Entfernung zwischen den beiden Zentren lässt sich aber noch heute auf dieser Reiseroute gut nachvollziehen. Zwischen Oppenheim und Mainz führt die Straße parallel zum Rhein, der hier in seiner Funktion als Verkehrsader und Grenze erfahrbar ist. **(Abb. 82)**

Zur Geschichte der Stadt

Mainz ist neben Trier und Köln eine der ältesten städtischen Siedlungen in Deutschland. Aus dem geostrategisch günstig gelegenen Militärlager erwuchs bereits in der Römerzeit eine bedeutende Garnisonsstadt und ein Verwaltungszentrum.

Erste Nachrichten über eine große christliche Gemeinde in Mainz existieren bereits aus der Spätantike. Man kann mit einiger Wahrscheinlichkeit vermuten, dass seit der Mitte des 4. Jahrhunderts auch ein Bischof seinen Sitz in Mainz hatte. Einen direkten Nachweis dafür gibt es allerdings nicht, die Handschriften, in denen die frühen Bischöfe gar mit Namen genannt werden, sind in ihrer Beweiskraft oft zweifelhaft, teils sogar nachweislich Fälschungen aus dem 8. beziehungsweise 10. Jahrhundert. In welchem Maß es eine Kontinuität städtischer Strukturen und der Bevölkerung während der Völkerwanderungszeit gegeben hat, ist heute Gegenstand intensiver Forschung – letztlich aber noch nicht umfassend zu beantworten. Der Verfall der Strukturen im Zusammenhang mit der mehrfachen Eroberung der Stadt durch die Alamannen, die Vandalen und die Hunnen in der ersten Hälfte des 5. Jahrhunderts dürfte jedenfalls erheblich gewesen sein. In einem Brief berichtet der Kirchenvater Hieronymus von vielen Toten und der völligen Zerstörung der Stadt beim Einfall der Alamannen im Jahr 406.

Sicher ist aber, dass der Ort bereits im Frühmittelalter wieder eine große Bedeutung für die Region hatte. Auch die Geschichte von Mainz nahm mit dem Übergang in fränkische Herrschaft am Ende des 5. Jahrhunderts eine entscheidende Wendung. Unter der mit der Taufe Chlodwigs I. christlich gewordenen merowingischen Dynastie entwickelte sich Mainz zum wichtigen Kirchenstandort. Der erste gesicherte Beleg für die Anwesenheit eines Bischofs datiert ins Jahr 566. Für dieses Datum ist der ursprünglich aus Aquitanien stammende Sidonius als Bischof in Mainz bezeugt. Über seine fränkischen Nachfolger ist wenig bekannt. Allerdings entwickelte sich die Stadt im Zuge der fränkischen Expansion zunehmend zu einem wichtigen Zentrum. Aber erst unter der Führung des angelsächsischen Missionars Bonifatius begann der Aufstieg der Mainzer Kirche zu dem neben Köln wichtigsten Bistum des Reichs. Der wegen seiner Erfolge in der Mission zum Erzbischof ernannte Bonifatius war ab 744 unter anderem auch Bischof in Mainz und legte mit seiner geschickten Politik den Grundstein für den stetig wachsenden Einfluss des Bistums. In der Zeit zwischen 780 und 782 wurde Mainz Erzbistum, die Bistümer Worms, Speyer, Würzburg und Eichstätt wurden als Suffragane unterstellt. Bis zum Ende des 10. Jahrhunderts waren Mainz insgesamt bis zu 15 Bistümer zugeordnet. Mainz entwickelte sich zur größten Kirchenprovinz nördlich der Alpen. Bonifatius folgten eine Reihe von bemerkenswerten Persönlichkeiten im Amt. Mit Rabanus Maurus und Richulf wurden beispielsweise zum Ende des 8. Jahrhunderts einflussreiche Männer aus dem innersten Kreis der karolingischen Hofschule unter Alkuin Mainzer Erzbischöfe. Fragmente eines reich verzierten Throns aus der zweiten Hälfte des 8. Jahrhunderts, die bei Ausgrabungen in der Mainzer Innenstadt geborgen werden konnten, lassen vermuten, dass es auch in Mainz in der Karolingerzeit eine königliche Palastanlage (Königspfalz) gegeben hat.

83 *Luftaufnahme des Stadtzentrums von Mainz. vor allem die Zerstörungen im Zweiten Weltkrieg haben das Stadtbild nachhaltig verändert*

Die große Nähe der Mainzer Kirchenfürsten zum Königshof drückt sich auch in verschiedenen Ämtern aus, die bald obligatorisch wurden. Die wichtigste Aufgabe war dabei die erstmals 870 ausgesprochene Ernennung der Mainzer Kirchenfürsten zum Erzkapellan. Aus dieser Position sollte der Mainzer Bischof bis zur Mitte des 11. Jahrhunderts als Erzkanzler faktisch zum zweiten Mann nach dem König aufsteigen.

In der Figur des Erzbischofs Willigis (975–1011) wird die politische Tragweite des Amtes am deutlichsten sichtbar. Der Geistliche kam vermutlich im Jahr 969 an den Hof Kaiser Ottos I. und wurde bereits 971 zum Kanzler ernannt. Diese Funktion behielt er auch nach

84 Spätromanisches Siegel von Mainz mit Martin als Patron von Dom, Bistum und Kommune

dem Tod des Kaisers unter dessen Sohn Otto II. Zum Mainzer Erzbischof wurde Willigis 975 gewählt, wobei er zugleich zum Stellvertreter des Papstes in ganz Germanien und Gallien ernannt wurde. Diese vorrangige Stellung unter den deutschen Bischöfen konnten die Mainzer Erzbischöfe in der Folge immer wieder erlangen. Der mächtige Erzbischof Willigis war zu einem der engsten Berater und entschiedenen Unterstützer Ottos aufgestiegen.

Nach dem überraschenden Tod Ottos II. im Jahr 983 folgte ihm sein erst dreijähriger Sohn Otto III. auf dem Thron. Gegen den Widerstand von Heinrich dem Zänker, der ebenfalls Ansprüche auf den Thron geltend gemacht hatte und die Vormundschaft über den jungen König beanspruchte, übernahm Königin Theophanu mit Hilfe von Willigis die Regierungsgeschäfte im Namen ihres Sohnes. Als wichtigster Berater der Königin und Erzkanzler war Willigis nun faktisch der Herrscher im Reich.

Das Bistum Mainz profitierte von der außergewöhnlichen Stellung des Bischofs enorm und wurde neben Köln zum wichtigsten Kirchenstandort im Reich. Diese Machtstellung erreichte ihren Höhepunkt unter den Königen Heinrich II. (1002–1024) und Konrad (1024–1039). Als sichtbares Zeichen dieser Stellung ist die Tatsache zu deuten, dass die Krönung dieser beiden Könige in Mainz statt wie üblich in Aachen stattfand.

Es ist bemerkenswert, dass sich die Juden im 10.–12. Jahrhundert im Reich vor allem in Kathedralstädten niederließen. Offenbar begünstigten neben urbanen Strukturen und einer entsprechenden wirtschaftlichen Substanz, auch die spezifischen gesellschaftlichen Strukturen der großen Bischofsstädte die Ansiedlung von Juden. Gerade hier gelang es jedenfalls den Juden seit dem 10. Jahrhundert, den nötigen Freiraum für die Errichtung größerer Gemeinden zu erlangen. Mainz war in dieser Zeit der ersten Blüte der jüdischen Gemeinden in den SchUM-Städten eine der wichtigsten Städte im Reich und der Ort, aus dem die ältesten Zeugnisse für jüdisches Leben stammen.

Das historische Stadtzentrum

In der Festungsstadt Mainz hinterließen die großen kriegerischen Auseinandersetzungen der Frühen Neuzeit zunächst keine nennenswerten Schäden an der Bausubstanz. Auch den Pfälzer Erbfolgekrieg überstand sie anders als die beiden SchUM-Städte Speyer und Worms fast unversehrt. Größere Umgestaltungen am im Grunde noch mittelalterlichen Baubestand in der Innenstadt sowie Schäden durch Zerstörungen entstanden erst in der napoleonischen Zeit, als Mainz zu Frankreich gehörte und als Festung an der Rheingrenze ausgebaut wurde. Zu einer großflächigen und nahezu vollständigen Zerstörung der Stadt kam es schließlich im Zweiten Weltkrieg. Von den Luftangriffen der Alliierten vor allem im August 1942 und im Februar 1945 waren große Teile des historischen Stadtkerns betroffen. Insgesamt wurde der Baubestand in der Innenstadt zu 80 Prozent vernichtet. Das heutige Mainz ist daher im Wesentlichen durch Neubauten geprägt, die seit der zweiten Hälfte des 20. Jahrhunderts entstanden. **(Abb. 83)**

Die jüdische Gemeinde im mittelalterlichen Mainz

Die älteste mittelalterliche Schriftquelle, die man als Hinweis auf die Präsenz von Juden in der Stadt lesen kann, ist der Bericht von einer Synode in Mainz aus der Zeit um 900. Die Bischöfe beschlossen dort unter anderem, dass derjenige, der einen Juden oder Heiden tötet, genauso bestraft werden soll, wie wenn er einen Christen umgebracht hätte – man kann annehmen, dass eine solche Regelung erst ab dem Zeitpunkt erforderlich wurde, zu dem es auch eine jüdische Bevölkerung in nennenswerter Größe gab. **(Abb. 85)** Ab wann eine rechtlich abgesicherte Gemeinde mit festen Strukturen existierte, ist dagegen unklar. In der historischen Überlieferung verdichten sich die Anzeichen dafür in der Zeit um das Jahr 1000. Mainz ist damit die älteste der drei SchUM-Gemeinden.

In der Zeit um die Jahrtausendwende ließ sich eine Reihe von jüdischen Persönlichkeiten in Mainz nieder, die namentlich bekannt sind. Unter ihnen befand sich ein Gelehrter, der den Ruf und die Stellung von Mainz als neuem geistigen Zentrum des Judentums entscheidend mitbestimmte: Rabbi Jehuda ben Meir ha-Cohen, der auch unter dem Namen Sir Leontin bekannt ist, kam in der zweiten Hälfte des 10. Jahrhunderts aus Frankreich an den Rhein und gründete dort eine Schule, aus der eine große Zahl einflussreicher Gelehrter hervorging. Sein wohl berühmtester Schüler war Gerschom ben Jehuda (ca. 960–1028/40). Meschullam ben Kalonymos, ein weiterer jüdischer Gelehrter und Zeitgenosse von Sir Leontin, hatte sich, bevor er nach Mainz kam, bereits einen Ruf als Gelehrter erworben. Auch er hatte großen Anteil an der Begründung der Traditionen der Gelehrsamkeit in den SchUM-Gemeinden. Meschullam ist aber auch deshalb eine interessante Persönlichkeit, weil er einer Familie angehörte, von der wir bereits in anderem Zusammenhang gehört haben und die in den jüdischen Gemeinden im Rheinland über Jahrhunderte hinweg eine besondere Rolle spielte.

Die Familie Kalonymos

Der Name Kalonymos ist offensichtlich griechischen Ursprungs, und möglicherweise stammte die Familie ursprünglich aus dem byzantinischen Süden Italiens. Meschullam ben Kalonymos kam wahrscheinlich aus Lucca in der Toskana nach Mainz, vielleicht lebte er auch eine Zeitlang in Rom.

Träger des Namens werden nicht nur in der jüdischen Überlieferung erwähnt. Eine besonders interessante Textstelle stammt aus der Feder von Thietmar von Merseburg (975–1018). Thietmar, der als außergewöhnlich verlässlicher Chronist seiner Zeit gelten kann, berichtet über eine Begebenheit während eines Feldzugs in Unteritalien

	heutige Bebauung	❹ Hauptsynagoge von Willi Graf, 1912 bis 1938
	Sakralbauten	❺ Synagoge von Manuel Herz, 2010
—	mittelalterliche Stadtmauer	❻ jüdischer Friedhof 10./11. Jahrhundert
—	neuzeitliche Befestigung	❼ jüdischer Friedhof 1700–1880 (Neubelegung)
❶	Dom St. Martin und St. Stephan	❽ Denkmalfriedhof seit 1926
❷	ehem. Stift St. Stephan	❾ Landesmuseum (Judaicaausstellung)
❸	Wohngebiet mit hohem jüdischen Bevölkerungsanteil und Zentrum der jüdischen Gemeinde mit Mikwe und Synagogen bis 1920/25	❿ Roter Turm (seit dem 14. Jahrhundert auch Judenturm genannt)
		⓫ Judenturm (erstmals 1575 erwähnt)

85 *Stadtplan: jüdische Wohngebiete im mittelalterlichen Mainz*

gegen die Sarazenen. Das insgesamt glücklose Unternehmen Ottos II. entwickelte sich am 13. Juli 982 am Kap Colonna, in der Nähe von Reggio di Calabria, nach einer zunächst scheinbar gewonnenen Schlacht zu einem militärischen Desaster. Ersatztruppen des in der Schlacht gefallenen sizilianischen Emirs Abu al-Qasim überfielen das Heer des deutschen Königs und rieben es fast vollständig auf. Otto selbst konnte sich nur mit Mühe retten. Auf der Flucht verfügte er dabei offenbar nicht einmal mehr über ein eigenes Pferd. Ein in der Chronik als treuer Gefährte und Vertrauter Ottos dargestellter Jude namens *„Calonymus"* überließ dem König jedoch sein Pferd, auf dem dieser schließlich den Verfolgern entkommen konnte.

Auch wenn man damit rechnen muss, dass die Geschichte in einem gewissen Maß literarisch ausgestaltet wurde, bleibt die Erkenntnis, dass hier ein Jude namens Kalonymos im direkten Umfeld des Königs zu finden war. – Die zweitausend deutschen Panzerreiter, die die Hauptstreitmacht Ottos in diesem Feldzug ausmachten, wurden übrigens zum Großteil von den Kirchenfürsten im Reich aufgebracht, und Bischof Willigis von Mainz hatte sicher ein der Bedeutung seines Bistums entsprechendes Kontingent für diese Truppe zu stellen.

In welcher Funktion besagter Kalonymos in Diensten des Königs stand, wird aus Thietmars Bericht nicht ersichtlich.

Man kann mutmaßen, dass ähnlich wie im Fall des Gesandten Isaak, den Karl der Große im Jahr 797 mit einer Gesandtschaft zum Kalifen Harun Al Raschid nach Bagdad schickte, seine diplomatischen Fähigkeiten im Vordergrund standen.

Die meisten aus den historischen Quellen bekannten Mitglieder der Familie sind als Gelehrte und durch ihre literarischen Werke in Erscheinung getreten. Meschullam ben Kalonymos ist in den letzten Jahrzehnten des 10. Jahrhunderts ein geachteter Gelehrter in Mainz gewesen, seine Nachkommen und Schüler setzen diese Tradition fort.

Übrigens findet sich der Name Kalonymos immer wieder an exponierter Stelle, wenn es um die Vertretung der jüdischen Gemeinden gegenüber der jeweiligen Landesherrschaft geht. So wird im Privileg Heinrichs IV. aus dem Jahr 1090 für die Juden in Speyer ein Mitglied der Familie in der Delegation der jüdischen Gemeinde explizit erwähnt – möglicherweise waren sogar alle drei Vertreter Kalonymiden. Die Familie nahm offenbar seit dem 10. Jahrhundert eine ausgesprochen dominante Stellung in den SchUM-Städten ein. Als Gelehrte, Richter und Gemeindevorsteher repräsentierten etliche ihrer Nachkommen die jüdischen Gemeinden nicht nur im Inneren, sondern auch in politischer Hinsicht nach außen. Man könnte ihre Position daher als quasi aristokratisch bezeichnen.

„Wie sehr gehören unsere Lehrer in Mainz, Worms und Speyer zu den Gelehrtesten der Gelehrten, zu den Heiligen der Höchsten, [...] von dort geht die Lehre aus für ganz Israel, [...] Seit dem Tag ihrer Gründung richten sich alle Gemeinden nach ihnen, am Rhein und im ganzen Aschkenas"

[Isaak ben Moses, Sefer Or Sarua I (1862), 217b. Der Halachist Isaak ben Moses wurde um 1180 in Böhmen geboren und starb um 1260 in Wien. Sein bekanntestes Werk Or Sarua (Das aufgehende Licht) ist auch eine wichtige historische Quelle.]

Die Jeschiwa von Mainz

Seit der zweiten Hälfte des zehnten Jahrhunderts entwickelte sich Mainz zu einem eigenständigen Zentrum der jüdischen Rechtsprechung und emanzipierte sich damit von den alten jüdischen Zentren. Zwei Zeitgenossen von Meschullam ben Kalonymos waren zentrale Persönlichkeiten in dieser Entwicklung, der oben erwähnte Sir Leontin und Rabbi Schimon bar Jitzchak, genannt der Große. Auch wenn über ihr Leben wenig bekannt ist – für das Entstehen der Mainzer Tradition der Gelehrsamkeit ist ihre Bedeutung jedoch grundlegend. Alle bekannten Vertreter der folgenden Gelehrtengeneration an den Talmudhochschulen in Mainz und den anderen SchUM-Städten beriefen sich auf sie.

Für die zweite Generation der großen Gelehrten in Mainz steht vor allem ein Name: Rabbi Gerschom ben Jehuda. Der wohl um 960 in Metz geborene Gelehrte kam möglicherweise bereits als Junge nach Mainz, wo er bis zu seinem Tod im Jahr 1028 oder, nach einer anderen Quelle, 1040 blieb. Als Lehrer und vor allem als Autor einflussreicher Verordnungen (*Takkanot*) erhielt er später den Ehrennamen „Leuchte des Exils". Unter anderem ist sein Name mit dem Verbot der Polygamie unter den aschkenasischen Juden verknüpft. Auf Gerschom ben Jehuda berief sich auch Raschi, von dem wir bereits im Zusammenhang mit seiner Studienzeit in Worms gehört haben. Die Talmudhochschulen im Rheinland zählten in der Zeit Raschis neben denen in Rom und Narbonne zu den wichtigsten in Europa.

Alle Gelehrten aus dieser Zeit der ersten Blütephase der SchUM- Gemeinden aufzuzählen, ist hier nicht möglich – aus der Zeit bis 1096 sind insgesamt 30 Persönlichkeiten bekannt.

Es lassen sich einige Eigenheiten erkennen, die bald zu einer Sonderstellung der SchUM-Gemeinden führten. So kann man schon früh eine bemerkenswerte Unabhängigkeit der Mainzer Schulen in der Auslegung der Schriften gegenüber den babylonischen und palästinischen Traditionen feststellen. Eine weitere Besonderheit der SchUM-Gemeinden war das große Interesse an liturgischer Dichtung. Neben Abhandlungen zur Auslegung des jüdischen Rechts verfassten die meisten Gelehrten auch sogenannte *Pijjutim*, die häufig Teil der Festtagsliturgie wurden.

Die Hinwendung zur Mystik ist ein weiteres Charakteristikum der Gelehrsamkeit in den SchUM-Städten. Die geistige Strömung des „Chassidismus" erlebte ihre Blüte von der Mitte des 12. bis zur Mitte des 13. Jahrhunderts.

Chasside Aschkenas

Unter den Mitgliedern der Familie Kalonymos, die unter dem Namen *Chasside Aschkenas* (die Frommen von Aschkenas) bekannt wurden, entwickelte sich in dieser Zeit eine religiöse Bewegung mit elitärem Anspruch. Die „Frommen" bildeten eine Gruppe, die eine Lebenspraxis propagierte, der auf Askese und hohe ethische Ansprüche ausgerichtet war. Inwieweit sie mit ihren Vorstellungen die jüdischen Gemeinden ihrer Zeit beeinflussen konnten, ist bis heute umstritten, in den SchUM-Gemeinden war ihr Einfluss zweifelsohne hoch. Samuel ben Kalonymos *he-Chassid* und sein Sohn Jehuda *he-Chassid* sowie Eleasar von Worms genannt *ha-Rokeach* (der Salbenmischer) sind die bekanntesten Vertreter dieser Bewegung, die sich bemerkenswerterweise zeitlich parallel zur intensiven Auseinandersetzung mit der Mystik in der christlichen Kirche seit der Mitte des 12. Jahrhunderts entwickelte.

Das jüdische Viertel

Das Stadtviertel, in dem die Juden lebten, lag inmitten der mittelalterlichen Stadt **(Abb. 85)**. Der Kernbereich erstreckt sich zwischen der Vorderen Synagogenstraße im Westen und der Kirche St. Quirin im Osten. Nördlich wird das Areal durch die Flachsmarkt- bzw. Schusterstraße begrenzt, im Süden durch die Klara- und die Stadthausstraße. Ein großes Einkaufszentrum nimmt heute das ganze Quartier ein, in dem die erste Synagoge stand (1). Weiter westlich davon gab es seit dem 13. Jahrhundert eine Mikwe (2). Die Zuordnung der Standorte ist aus der schriftlichen Überlieferung erschlossen, bauhistorische Untersuchungen des Areals wurden leider nicht durchgeführt. Aus der Zeit zwischen dem 17. und 20. Jahrhundert sind drei weitere Synagogenstandorte für die neuzeitliche jüdische Gemeinde überliefert. Der 1912 errichtete Neubau der Mainzer Hauptsynagoge entstand weiter im Westen an der Hindenburgstraße (9), wo seit 2010 die neue Synagoge steht.

Jiddisch

Vieles, was wir heute über jüdische Persönlichkeiten aus dem Mittelalter wissen, ist in hebräischen Quellen überliefert. Doch war dies nicht die Sprache, die die Juden in den SchUM-Gemeinden für gewöhnlich sprachen, denn Hebräisch war zwar die Gelehrtensprache, nicht aber die Sprache des Alltags. Mit ihren christlichen Nachbarn sprachen die Jüdinnen und Juden bis zum Hochmittelalter die allgemeine Umgangssprache, also Mittelhochdeutsch in der jeweiligen regionalen Ausprägung. Häufig beherrschten sie auch Französisch und sogar noch weitere Sprachen - ein Umstand, der sich in der erstaunlichen Mobilität der Gelehrten und dem intensiven Austausch der jüdischen Gemeinden spiegelt. Untereinander sprachen die Juden seit dem Hochmittelalter Jiddisch. Jiddisch wird von der Sprachwissenschaft als „Komponentensprache" bezeichnet, da in sie mehrere „Quellsprachen" – Mittelhochdeutsch, Altfranzösisch, Hebräisch, Aramäisch und slawische Sprachanteile – eingeflossen sind, die zu einer eigenständigen, neuen Sprache verschmolzen. Es zeichnet sich zudem dadurch aus, dass es mit hebräischen Buchstaben geschrieben wird. Der früheste datierte jiddische Satz, den wir heute kennen, stammt aus dem Wormser Machsor von 1272.
Die aschkenasischen Juden, die im Verlauf des Mittelalters vor allem nach Osteuropa, aber auch nach Italien etc. auswanderten, nahmen ihre Sprache mit. Während die Juden in Deutschland Westjiddisch sprachen, entwickelte sich in Osteuropa das Ostjiddische, das viele Elemente aus den slawischen Sprachen aufnahm und das bis heute gesprochen wird.

86   Der alte jüdische Friedhof in Mainz. Plan von 1779

Denkmalfriedhof

Der einzige Ort, an dem heute noch Spuren von der Existenz der mittelalterlichen Judengemeinde erhalten sind, ist ein Teilbereich des alten jüdischen Friedhofs, der heute die Form eines Denkmalfriedhofs hat. Der Friedhof wurde im 11. Jahrhundert entlang der heutigen Mombacher Straße angelegt. Er diente der Gemeinde bis ins 15. Jahrhundert als Bestattungsplatz. Nach der Ausweisung der Juden wurde der Friedhof im Jahr 1438 zunächst aufge-

87   Dr. Sali Levi, bei der Eröffnung des Denkmalfriedhofs in Mainz im Jahr 1926

hoben, die Gräber wurden abgeräumt. Im Zusammenhang mit der erneuten Zulassung der Juden im Jahr 1445 wurde der Gemeinde ein Teilbereich wieder zur Nutzung übergeben. **(Abb. 86)** Im Jahr 1880 wurde ein neuer Bestattungsplatz neben dem Mainzer Hauptfriedhof angelegt. Auf Anregung des Rabbiners und Historikers Sigmund Salfeld (1843–1926) veranlasste der damalige Rabbiner der jüdischen Gemeinde, Dr. Sali Levi, 1926 die Einrichtung eines Denkmalfriedhofs im Bereich des mittelalterlichen Friedhofs. **(Abb. 87)** Wie an anderen Orten hatte man auch in Mainz bei der Zerstörung des Friedhofs vielfach die Grabsteine entfernt und an anderer Stelle als Baumaterial wiederverwendet. Die seit Beginn des 19. Jahrhunderts bei Baumaßnahmen, vor allem beim Abbruch der Mainzer Festung, wiedergefundenen Steine wurden hier aufgestellt. Unter den ca. 240 bis heute geborgenen Stelen befinden sich einige aus dem 11. Jahrhundert, unter anderem die des Jehuda ben Senior aus dem Jahr 1049 (heute im Landesmuseum Mainz). Der Stein gilt als das älteste erhaltene jüdische Grabmonument in Europa. Der Grabstein des Meschullam ben Kalonymos auf dem Denkmalfriedhof ist übrigens nicht das Original, das möglicherweise während der Ausschreitungen im Zusammenhang mit dem ersten Kreuzzug im Jahr 1096 verloren ging, sondern ein im 12. Jahrhundert angefertigter Gedenkstein. **(Abb. 88)**

88 *Heute sind ca. 240 Grabsteine auf dem Denkmalfriedhof aufgestellt. Die ältesten Grabstelen stammen aus dem 11. Jahrhundert*

Das jüdische Mainz in der Neuzeit

Auch in Mainz stellen die Ereignisse im Zusammenhang mit dem Auftreten der Pest im Jahr 1348 einen tiefen Einschnitt dar. Auch hier kam es zu schrecklichen Gräueltaten und zur Vertreibung der Juden. Seit der zweiten Hälfte des 14.

89 *Die sogenannte Judenwache am Eingang zur Judengasse in Mainz*

90 *Die Hauptsynagoge in Mainz wurde 1853 im maurischen Stil neu errichtet*

Jahrhunderts veränderte sich zudem auch das politische Gefüge der Stadt nachhaltig. Vor dem Hintergrund von heftigen Machtkämpfen innerhalb der Bürgerschaft sowie dem Verlust der Stadtfreiheit infolge der Auseinandersetzung um den Mainzer Erzbischofsstuhl kam es im Mainz der Frühen Neuzeit zu einer langen Folge von Ausweisungen und Wiederzulassungen der Juden. Im Jahr 1471 mussten beispielsweise erneut sämtliche Juden die Stadt, ja sogar das gesamte Hochstift verlassen. Ihr Grundbesitz wurde beschlagnahmt und die Synagoge in Mainz zu einer christlichen Kapelle umgewandelt.

Die sogenannten Judenausbietungen der Frühen Neuzeit hatten nun allerdings einen völlig anderen Charakter als die gewalttätigen Vertreibungen des Mittelalters. Im Wesentlichen handelte es sich um die Aufhebung von bestehenden Schutzverträgen oder um die nicht erfolgte Verlängerung entsprechender Vereinbarungen. Zudem wurden die Erlasse vielfach nicht befolgt oder nicht konsequent umgesetzt. Letztlich hatte das Vorgehen der Obrigkeit zur Folge, dass die Tradition der mittelalterlichen SchUM-Gemeinden abriss, ihre altehrwürdigen Institutionen verschwanden – und dies, obwohl seit dem Ende des 15. Jahrhunderts wieder kontinuierlich Juden in der Stadt lebten. Bezeichnend für die Situation der Juden in den SchUM-Städten ist die Tatsache, dass es in der Frühen Neuzeit anders als im Mittelalter keine umfassende rechtliche Regelung des Zusammenlebens mit der christlichen Bevölkerung gab. Religiöse, wirtschaftliche oder auch rechtliche Belange wurden nur im Einzelfall, lokal und nach Bedarf geregelt.

Pogrome gab es in der Neuzeit nicht mehr. Allerdings führten einige der Erlasse zu tiefgreifenden Veränderungen der Lebensbedingungen. So wurde in der Judenordnung des Kurfürsten Jo-

91 Die Trauerhalle auf dem neuen jüdischen Friedhof von Mainz aus dem Jahr 1881. Der Bau wurde 2009 grundlegend saniert

92 Die Gestaltung der Trauerhalle orientiert sich an der mittelalterlichen maurischen Architektur auf der iberischen Halbinsel

93 *Eine neue Hauptsynagoge wurde im Jahr 1912 an der Hindenburgstraße errichtet. Der Bau wurde während des Novemberpogroms 1938 zerstört*

hann Philipp von 1662 die Anzahl der Haushalte drastisch reduziert und die verbliebene jüdische Bevölkerung von Mainz in ein Ghetto eingewiesen. Entsprechende Verordnungen entstanden oft auf Betreiben der Bürgerschaft und korrespondieren mit einem deutlichen Anwachsen der jüdischen Gemeinde im 17. Jahrhundert – man spürte offenbar die Konkurrenz und versuchte sie über entsprechende Verbote einzuschränken.

Zu einer nachhaltigen Verbesserung der Lebensumstände kam es erst am Ende des 18. Jahrhunderts, als sich unter dem Eindruck der Aufklärung eine völlig neue Politik der Toleranz etablierte. Erste Erleichterungen brachte ein Erlass des Kurfürsten Friedrich Karl Joseph von Erthal aus dem Jahr 1784. Die vollständige rechtliche Gleichstellung erlangten die Juden aber erst während der französischen Besetzung von Mainz seit dem Jahr 1792. Durch die Zuerkennung der bürgerlichen Rechte, wie beispielsweise freien Zugang zu Schulen und Universitäten oder der freien Berufswahl, und die Einführung der Gewerbefreiheit im Jahr 1798 waren endlich alle Einschränkungen aufgehoben. In einem symbolischen Akt wurden im September des Jahres auf Antrag eines jüdischen Stadtrates die Tore zur Judengasse eingerissen. **(Abb. 89)**

Die jüdische Gemeinde konnte im 19. und zu Anfang des 20. Jahrhunderts einen großen Zuwachs an Mitgliedern verzeichnen und erlebte kulturell und wirtschaftlich erneut eine Blütezeit. Die jüdische Bevölkerung war weitgehend in die Gesellschaft integriert und hatte prägenden Einfluss auf das kulturelle Leben der Stadt.

Im Jahr 1853 kam es zur Aufteilung der Gemeinde in einen liberalen und einen orthodoxen Zweig, der seitdem ein völlig eigenständiges Gemeindeleben pflegte und eine separate Synagoge nutzte. In das gleiche Jahr datiert der Neubau der Hauptsynagoge im maurischen Stil. **(Abb. 90)**

1881 wurde ein neuer jüdischer Friedhof neben dem städtischen Friedhof an der Unteren Zahlbacher Straße eingerichtet. Trauerhalle und Wächterhäuschen wurden dabei ebenfalls im maurischen Stil gestaltet. Der Friedhof wird bis heute genutzt. Die Trauerhalle wurde 2005/2006 saniert und teilweise nach den Originalplänen ergänzt. **(Abb. 91, 92)**

In der Zeit bis zum Beginn des 20. Jahrhunderts befand sich die Synagoge an verschiedenen Standorten im Bereich des jüdischen Viertels von Mainz (siehe Abb. 3 S. 108).

Zu Beginn des 20. Jahrhunderts errichtete man die neue Hauptsynagoge weiter im Westen der Stadt an der Hindenburgstraße. Das prachtvolle Jugendstilgebäude aus dem Jahr 1912 war bis zu seiner Zerstörung während des Novemberpogroms 1938 der Stolz der jüdischen Bürgerschaft und sichtbares Zeichen für ihr Selbstbewusstsein. **(Abb. 93)** Der zentrale Kuppelbau der zwischen 1911 bis 1912 nach Plänen des Stuttgarter Architekten Willy Graf errichteten Synagoge bot insgesamt Raum für tausend Personen. In zwei jeweils zweigeschossigen Seitenflügeln mit vorgelagerter Säulenhalle war das Gemeindezentrum untergebracht. Neben einer Wochentagssynagoge gab es hier eine Mikwe. Ein Trausaal sowie ein Vortragssaal und weitere Nebenräume schlossen sich an. 1926 wurde in den Räumen der Synagoge ein Museum zur jüdischen Kultur eingerichtet. Teile der Sammlung sind heute im Landesmuseum in Mainz ausgestellt. Die Synagoge wurde in der Nacht vom 9. November 1938 niedergebrannt.

Unter den Repressalien des NS-Regimes waren bis 1941 etwa eintausend der ca. 2600 Mainzer Juden ins Ausland geflüchtet. Ab 1942 begannen die Deportationen. Allein in diesem Jahr wurden über tausend Personen in Konzentrationslager in Polen und Tschechien verschleppt. Bei Kriegsende lebten in Mainz nur noch 61 Juden.

Jüdisches Leben in Mainz nach 1945

Monsignore Mayer

Klaus Mayer wurde 1923 in Darmstadt geboren und lebte bis 1934 dort. Sein Großvater Bernhard Albert Mayer war von 1908 bis 1941 Vorsitzender der jüdischen Gemeinde in Mainz und maßgeblich am Bau der 1912 eingeweihten Hauptsynagoge in der Hindenburgstraße beteiligt, die während des Novemberpogroms 1938 zerstört wurde.

Seine Schulzeit verbrachte Meyer zunächst in Kloster Ettal, bevor das dortige Gymnasium durch die Nationalsozialisten geschlossen wurde. Während sein Vater noch 1941 nach Argentinien fliehen konnte, zog Klaus Meyer 1942 nach Mainz, wo er seine Schulausbildung, wenn auch unter Repressalien, beenden konnte. Obwohl ihn seine Mutter 1933 hatte taufen lassen, wurde er zum Studium als sogenannter „Mischling ersten Grades" nicht zugelassen.

Klaus Mayer trat nach dem Krieg in das Priesterseminar ein und war von 1965–1991 Pfarrer der Kirchengemeinde St. Stephan in Mainz. Bis heute engagiert er sich unermüdlich für die christlich-jüdische Verständigung und hat für seine Verdienste viel Anerkennung erfahren. Überregional bekannt

94 *Chagall-Fenster in St. Stephan, Mainz*

95 *Detail aus dem nördlichen, dreibahnigen Chorfenster in St. Stephan, Mainz, von Marc Chagall (1981)*

wurde er dadurch, dass es ihm gelang nach vielen Begegnungen, aus denen eine tiefe Freundschaft wuchs, den berühmten jüdischen Künstler Marc Chagall für den Entwurf des zentralen Chorfensters der im Krieg zerstörten Kirche St. Stephan zu gewinnen. Die Zusage Chagalls war erstaunlich, hatte doch der Künstler zuvor erklärt, nach dem Holocaust nie mehr in Deutschland arbeiten zu wollen. Bis zu seinem Tod im Jahr 1985 fertigte Chagall die Entwürfe für einen alttestamentlichen Bibelzyklus, der alle neun Fenster des Chors umfasst. Die 13 Fenster des Langhauses wurden später durch den langjährigen Werkstattleiter Chagalls, Charles Marq, in Fortführung des ursprünglichen Gestaltungsansatzes ergänzt. **(Abb. 94, 95)** Bis heute erschließt Monsignore Mayer die Botschaft der Fenster in viel besuchten Meditationen.

St. Stephan

Die durch König Otto III. im Jahr 990 gestiftete Kirche St. Stephan in Mainz war im Mittelalter eine der Hauptkirchen der Stadt. Der Gründungsbau dieser als „Gebetsstätte des Reichs" bezeichneten Kirche wurde wohl maßgeblich durch den Erzkanzler des Reichs und Mainzer Erzbischof Willigis befördert. Der heute noch in den Umfassungsmauern erhaltene gotische Neubau war gegen 1340 fertiggestellt. Die Gewölbe der Kirche wurden bei einem Luftangriff 1945 zerstört und später durch eine Flachdecke ersetzt.

Neue Synagoge

Nach dem Krieg kamen zunächst nur wenige Juden nach Mainz zurück. Eine Trauerhalle auf dem neuen jüdischen Friedhof diente in dieser Zeit als Synagoge. Nach verschiedenen Provisorien entstand 1952 ein neues Gemeindezentrum in der Forsterstraße. Nachdem die Gemeinde seit 1990 aufgrund der Zuwanderung aus der ehemaligen Sowjetunion deutlich angewachsen war, gab es Mitte der Neunzigerjahre erste Überlegungen für den Neubau einer Synagoge. Die Ausschreibung gewann 1999 der Architekt Manuel Herz aus Köln/Basel. Der Bau wurde schließlich zwischen 2008 und 2010 realisiert.

„Das jüdische Volk hat sich mit Hilfe von Büchern eine Heimat geschrieben. Die Schrift war also immer der Ersatz für die Heimat. Das war der Leitgedanke für meinen Entwurf der Synagoge."

[Manuel Herz]

Die außergewöhnliche Gestalt der am 3. September 2010 eingeweihten neuen Mainzer Synagoge basiert auf zwei zeichenhaften Motiven, die Grundlage des skulptural angelegten Entwurfs sind. Im Äußeren schafft das Gebäude durch das sich nach oben trichterförmig öffnende Dach des Gebetsraums eine Assoziation mit dem Schofar, dem Widderhorn. Das alte jüdische Symbol ist in der Geschichte Abrahams und des Opfers seines Sohnes Isaaks begründet. Das Schofarhorn wird zu wichtigen Anlässen, unter anderem beim jüdischen Neujahrsfest, geblasen, es ruft die Gemeinde zusammen und soll die Himmelstore öffnen. Die Silhouette des Baus ist zudem als skulpturale Umsetzung des hebräischen Schriftzugs *Keduschah* zu verstehen. Keduschah bedeutet wörtlich „Heiligung" und bezeichnet einen zentralen jüdischen Segensspruch. Durch das Sprechen eines Segensspruchs werden Dinge geheiligt – ein Motiv, das hier auf die Synagoge und ihre Gemeinde übertragen werden soll. **(Abb. 96)**

96 Außenansicht der neuen Synagoge in Mainz (2010)

97 *Stuckaturen in der neuen Synagoge in Mainz*

Die Architektur nimmt diese Symbolik auch im Inneren auf und führt die Grundgedanken mit anderen Mitteln fort. Analog zu den fünf ‚Buchstaben' in der Grundform gliedert sich die Synagoge in fünf Zonen. Überall entsteht durch die ungewöhnlich geformten und teils überraschend platzierten Fenster ein Spiel mit dem Licht, das auch in symbolischer Bedeutung zu verstehen ist. Beispielsweise steht die Beleuchtung des Versammlungsraums durch das nach Osten gerichtete Oberlicht für das Empfangen des göttlichen Lichts. Anders als die anderen, schlicht weiß gehaltenen Räume der Synagoge ist der Gebetsraum vollständig mit goldenen Stuckaturen bedeckt. Die Wandgestaltung besteht aus einem Mosaik von hebräischen Buchstaben, da der Schrift in der jüdischen Tradition eine besondere Bedeutung zukommt. An einigen Stellen treten aus dem Buchstabenornament lesbare Passagen aus religiösen Texten und Gedichten von Mainzer Gelehrten des 11. und 12. Jahrhunderts hervor. **(Abb. 97)**

An die große Vergangenheit der Mainzer Gemeinde und ihrer Gelehrten erinnert auch der Name des Gemeindezentrums: „Licht der Diaspora" lautet die Inschrift am Eingang. Mit diesem Beinamen bezeichnet man auch den bedeutenden Rabbiner Gerschom ben Judah (960–1028/40), der einst in Mainz lehrte und den Ruf der Gemeinde als geistiges Zentrum des aschkenasischen Judentums mit begründete. Die Fassade der Synagoge nimmt mit ihrer Verkleidung aus tausenden glasierten, grün-blau schimmernden Keramikplatten durch das gefurchte Oberflächenrelief den Gedanken an das Schofarhorn wieder auf. Man kann die tiefen Rillen aber auch als Ritzlinien eines Schriftzuges interpretieren. Durch die strukturierte Oberfläche der individuell glasierten

98 *Keramikverkleidung der neuen Synagoge in Mainz*

Keramikkacheln ergeben sich im Tagesverlauf und je nach Beleuchtungssituation besondere Farb- und Lichteffekte. **(Abb. 98)** Auf dem Platz vor der neuen Synagoge stehen noch Reste des Vorgängerbaus, der dem Novemberpogrom des Jahres 1938 zum Opfer fiel.

Museen

Das Landesmuseum

Das Landesmuseum Mainz im barocken Gebäude der „Golden-Ross-Kaserne", dem ehemaligen kurfürstlichen Marstall, ist eines der ältesten Museen in Deutschland. Es liegt mitten im Zentrum von Mainz in der Großen Bleiche. Die kunst- und kulturgeschichtlichen Sammlungen des Museums umfassen Exponate von der Vorgeschichte bis zur Kunst der Gegenwart. Schwerpunkte in der Ausstellung bilden dabei unter anderem die römische Zeit, das Mittelalter, sowie Renaissance und Barock. Weitere Abteilungen haben die Graphik des 16.-20. Jahrhunderts, die niederländische Malerei, sowie Porzellan des 18. Jahrhunderts und die Malerei des 19. Jahrhunderts um Inhalt.

Judaica finden sich sowohl in der Ausstellung zum Mittelalter als auch in der zur Stadtgeschichte, wo speziell die jüdische Geschichte im 19. Jahrhundert im Vordergrund steht. Die ausgestellten jüdischen Kultgegenstände, überwiegend Gold- und Silberschmiedearbeiten des 18. und 19. Jahrhunderts, stammen aus der Sammlung des 1925 gegründeten „Vereins zur Pflege jüdischer Altertümer in Mainz". Dieser Verein eröffnete am 3. Oktober 1926 das „Museum jüdischer Altertümer" im Seitentrakt der 1912 eingeweihten Hauptsynagoge in der Mainzer Neustadt. Das Museum wurde 1933 von den Nationalsozialisten geschlossen und fiel mit dem Großteil seiner Bestände den Zerstörungen in der Pogromnacht vom 9. November 1938 zum Opfer. Die geretteten Exponate sind zu einem großen Teil als Dauerleihgabe der Jüdischen Gemeinde in Mainz im Landesmuseum ausgestellt. **(Abb. 99, 100, 101)**

99 *Hochzeitsring mit Gravur „Masel tov", wohl 18. Jahrhundert*

100 *Samtbeutel zur Aufbewahrung der Gebetsriemen (Tefillin)*

Generaldirektion Kulturelles Erbe
Rheinland-Pfalz
Direktion Landesmuseum Mainz
Große Bleiche 49–51
55116 Mainz
Tel.: (06131) 2857-0
Infoband: (06131) 2857-225
E-Mail: landesmuseum-mainz@gdke.rlp.de
Internet: www.landesmuseum-mainz.de
Öffnungszeiten
Di 10.00–20.00 Uhr
Mi – So 10.00–17.00 Uhr
Mo geschlossen
Besondere Reglung für Feiertage
Informationen über besondere Veranstaltungen auch auf Facebook

101 *Thora mit Mantel und Schild, 18./19. Jahrhundert*

Das bischöfliche Dom- und Diözesanmuseum

Das Diözesanmuseum, das um den Kreuzgang auf der Südseite des Doms angelegt ist, bietet einen Überblick zur christlichen Kunst von der Spätantike bis in die Gegenwart. Die mittelalterlichen Gewölbehallen unter dem Kreuzgang und das Erdgeschoß sind im Wesentlichen den Steindenkmälern vorbehalten. Neben zwei Abteilungen zur Steinskulptur von der Spätantike bis ins Frühmittelalter, bzw. aus dem Hochmittelalter, ist hier eine Themeneinheit zur Baugeschichte des Doms untergebracht. Im Kreuzgangobergeschoß ist Sakralkunst von der Spätgotik bis ins 20. Jahrhundert ausgestellt. Die Nikolauskapelle ist der Aufbewahrungsort für den Domschatz. Hier ist eine Fülle von kostbarem liturgischen Gerät sowie Vasa sacra und Vasa non sacra präsentiert.

Bischöfliches Dom- und
Diözesanmuseum
Domstraße 3
55116 Mainz
Tel.: (06131) 253344
E-Mail: info@dommuseum-mainz.de
Internet: www.dommuseum-mainz.de
Öffnungszeiten
Di – Fr 10.00–17.00 Uhr
Sa und So 11.00–18.00 Uhr

Römisch-Germanisches Zentralmuseum

Das Römisch-Germanische Zentralmuseum (RGZM) liegt ebenfalls an der Großen Bleiche, ca. 100 m weiter in Richtung Rhein, im Gebäude des ehemaligen kurfürstlichen Schlosses.

Das RGZM ist sowohl ein Forschungsinstitut als auch ein Museum für Archäologie. Die Ausstellung umfasst Exponate aus dem Zeitraum von der Steinzeit vor 2,5 Millionen Jahren bis ins Mittelalter. Schausammlungen und Ausstellungen zur Vorgeschichte (zur Zeit geschlossen), der Römerzeit und dem frühem Mittelalter befinden sich im Kurfürstlichen Schloss. Weitere Standorte sind das Museum für antike Schiffahrt, das Museum für die Archäologie des Eiszeitalters und der Vulkanpark.

Römisch-Germanisches
Zentralmuseum
Ernst-Ludwig-Platz 2
55116 Mainz
Tel.: (06131) 9124-0
E-Mail: service@rgzm.de
Internet: web.rgzm.de

Öffnungszeiten
Di – So 10–18 Uhr
Mo geschlossen
Für Feiertage gelten Sonderreglungen.

102 *Fragment vom Westlettner des Mainzer Doms (Naumburger Meister, um 1240). In der Darstellung ds Jüngsten Gerichts zeigt der rechte Teil die Verdammten in Ketten, darunter die an dem charakteristischen Hut zu erkennenden Juden*

Kunsthalle Mainz
Die 2008 im ehemaligen Kessel- und Maschinenhaus im Mainzer Zollhafen eröffnete Kunsthalle zeigt auf über 800 m² Ausstellungsfläche Wechselausstellungen zur Gegenwartskunst. Über einen eigenen Sammlungsbestand verfügt das Haus nicht, vielmehr werden themenbezogen Ausstellungen zum aktuellen Kunstgeschehen geboten, die sowohl die internationale als auch die regionale Entwicklung darstellen.

Kunsthalle Mainz
Am Zollhafen 3–5
55118 Mainz
Tel.: (06131)126936
E-Mail: mail@kunsthalle-mainz.de
Internet: www.kunsthalle-mainz.de

Öffnungszeiten
Di / Do / Fr 10.00–17.00 Uhr
Mi 10.00–21.00 Uhr
Sa / So 11.00–17.00 Uhr
Mo geschlossen

Das Gutenberg-Museum
Das gegenüber vom Dom im Zentrum der Altstadt von Mainz gelegene Gutenberg-Museum ist eines der renommiertesten Museen für Druck-, Buch- und Schriftgeschichte aller Kulturen. Es ist deutschlandweit eines der ältesten Druckmuseen und wurde bereits im Jahr 1900, anlässlich des 500. Geburtstags Johannes Gutenbergs, gegründet.

Präsentiert werden die technischen und künstlerischen Erfindungen des Johannes Gutenberg und die kulturgeschichtliche Bedeutung des Buchdrucks mit beweglichen Lettern. Darüber hinaus erhalten die Besucher unter anderem in Abteilungen zur Drucktechnik und Buchkunst, zu Exlibris, Papier und Schriftgeschichte einen umfassenden Überblick über die Entstehung der Schrift und des Drucks.

Wechselnde Themenausstellungen und museumspädagogische Angebote ergänzen das Programm.

Gutenberg-Museum Mainz
Museum für Buch-, Druck- und Schriftgeschichte
Liebfrauenplatz 5
55116 Mainz
Tel.: (06131) 122503 / 122644
E-Mail: gutenberg-museum@stadt.mainz.de
Internet: www.gutenberg-museum.de

Öffnungszeiten
Di – Sa 9.00–17.00 Uhr
So 11.00-17.00 Uhr
Mo und an gesetzlichen Feiertagen geschlossen
Das Gutenberg-Museum ist barrierefrei.

Glossar

Adonaj Hebräischer Begriff für Gott (wörtlich „Mein Herr"). Der Gottesname JHWH darf in der jüdischen Tradition nicht ausgesprochen werden und wird daher durch andere Ausdrücke ersetzt.

Almemor → Bima

Amud Pult des Vorsängers

Aron haKodesch Thoraschrein. Aufbewahrungsort der Thorarolle in der Synagoge (hebräisch für „Heiliger Schrein")

Aschkenas Der biblische Aschkenas (1 Mose 10,3), ein Nachkomme Noahs, gilt den jüdischen Schriftgelehrten als Stammvater der Deutschen. Der Name wurde zunächst zur allgemein gültigen Bezeichnung der Juden in Deutschland und übertrug sich durch die verschiedenen Auswanderungen auch auf andere Gebiete in Ost- und Mitteleuropa.

Bar Mizwar Bar Mizwa bezeichnet eine religiöse Feier zur Aufnahme eines Jungen in die Religionsgemeinschaft. Die Jungen gelten ab diesem Zeitpunkt als Erwachsene und werden beim Minjan als vollwertige Gemeindemitglieder gezählt. Heute wird auch eine entsprechende Feier für Mädchen abgehalten (Bat Mizwar).

Besamin-Büchse Reich verzierter Behälter für wohlriechende Gewürze. Der Behälter wird in einem Brauch am Ende des Sabbats verwendet, um den „Duft des Sabbats" in die beginnende Woche zu übertragen.

Beschneidung Als Zeichen der Zugehörigkeit zur jüdischen Religionsgemeinschaft wird bei Jungen traditionell am achten Lebenstag in einer Zeremonie die Vorhaut entfernt.

Bibel Die hebräische Bibel ist in drei Teile gegliedert: Thora (Fünf Bücher Moses), Propheten und Schriften.

Bima Lesepult in der Synagoge. Die Bima ist üblicherweise ein erhöhtes Podium mit einem Pult oder Tisch für die Thora (Amud). In den mittelalterlichen Synagogen des aschkenasischen Judentums stand die Bima in der Regel im Zentrum der Synagoge. Bei orthodoxen Synagogen ist dies noch heute üblich. Seit dem 19. Jahrhundert wurde die Bima häufig direkt vor dem Thoraschrein an der Ostwand der Synagoge platziert.

Challa Brot für das Mahl am Sabbat

Chanukka Das achttägige Fest erinnert an den erfolgreichen Aufstand der Makkabäer gegen die syrische Herrschaft im Jahre 165 v. Chr. Nach der Reinigung des entweihten Tempels fand man dort nur noch so viel geweihtes Öl für den siebenarmigen Tempelleuchter, wie für einen Tag benötigt wurde. Die Herstellung des geweihten Öls dauerte aber acht Tage. Aber durch ein Wunder brannte das ewige Licht ganze acht Tage. Zum Gedenken an dieses Wunder wird im Verlauf des Festes jeden Abend ein Licht entzündet. Chanukka (wörtlich „Einweihung") wird im November oder Dezember gefeiert.

Chanukka-Leuchter Achtarmiger Leuchter für das Chanukkafest

Chevrah Kaddisha Wörtlich „Heilige Gesellschaft", Bruderschaft zur Durchführung von Begräbnissen und der Fürsorge bei Schwerkranken

Chuppa Baldachin, unter dem die Trauung stattfindet. Im übertragenen Sinn wird der Begriff auch für Hochzeit verwendet.

Davidstern Hebräisch: „Magen David" (Schild Davids). Sechseckiger Stern. Ursprünglich nicht nur bei den Juden gebräuchliches apotropäisches Symbol. Der Davidstern wird im 16. Jahrhundert das Zeichen der jüdischen Gemeinde von Prag und verbreitet sich von dort aus in ganz Europa. Ab dem 18. Jahrhundert wird er zu einem der wichtigsten jüdischen Symbole.

Elohim Biblischer Begriff für Gott

Etrog Ebenso wie der Lulav, ein Palmzweig, gehört der Etrog, eine gelbgrüne Zitrusfrucht, zu den Früchten, die während des Laubhüttenfestes benutzt werden; er ist Bestandteil des Feststraußes zu Sukkot. Die Frucht steht dabei für die Opfergaben, die ursprünglich zu diesem Fest in den Tempel in Jerusalem gebracht wurden, und symbolisiert den Paradiesapfel.

Etrogbüchse Besonderes Behältnis zur Aufbewahrung der Etrogfrucht, die während des Laubhüttenfestes verwendet wird

Eruw Schabbatgrenze. Steht für einen Bereich, innerhalb dessen bestimmte Schabbatregeln, z.B. das Verbot außerhalb des Hauses Gegenstände zu bewegen, nicht gelten. In den jüdischen Vierteln wurde Grenzlinien durch Mauern, Zäune, aber auch über die Straße gespannte Drähte gekennzeichnet.

Ewiges Licht Hebräisch: „Ner Tamid" = das ewige Licht, das über dem Thoraschrein brennt, bedeutet, dass mindestens eine Thorarolle vorhanden ist, also ein Gemeindegottesdienst durchgeführt werden kann.

Frauenschul Frauensynagoge. Seit dem frühen 13. Jahrhundert wurden in den SchUM-Gemeinden eigene Beträume für die Frauen gebaut. Sie waren in einigen Fällen durch Schallöffnungen mit der Männersynagoge verbunden, teils aber auch separate Bauten. Durch Grabinschriften sind auch gelehrte Frauen bekannt, die als Vorbeterinnen fungierten.

Gebetsmantel → Tallit

Gebetsriemen → Tefillin

Gemara Hebräisch: „Vervollständigung". Mischna und Gemara bilden zusammen den Talmud. Die Gemara enthält Kommentare zur Mischna, der Sammlung von religionsgesetzlichen Vorschriften, die um 200 n. Chr. kodifiziert wurden.

Genisa Schatzkammer. Bezeichnet einen Ort, wo liturgische Schriften, z.B. unleserlich gewordene Thorarollen, aufbewahrt werden.

Haggada Hebräisch: „Erzählung". Geschichte und Erzählung der Befreiung der Israeliten aus der Sklaverei in Ägypten. Dient als Anweisung für das Pessach-Fest und wird am Sederabend im Kreise der Familie gemeinsam gesungen und vorgelesen.

Halacha   Wörtlich: „gehen", das jüdische Religionsgesetz

Haschem   Hebräisch: „der Name". Bezeichnung für Gott

Hawdala   Hebräisch: „Trennung". Zeremonie nach dem Ende des Schabbat, bei der geflochtene Hawdala-Kerzen entzündet werden und die Besamim-Büchse zum Verströmen des Duftes geöffnet wird.

Hochzeitsstein   → Chuppa-Stein

Jad   Hebräisch: „Hand". Zeigestab, der zum Deuten der Textstelle bei der Thoralesung benutzt wird, da die Thorarolle nicht mit bloßen Händen berührt werden soll.

JHWH   Das Tetragramm (Vierfachzeichen) aus den hebräischen Konsonanten Jod / He / Waw / He, außerhalb des Judentums ausgeschrieben als Jahwe oder Jehovah ist der Name Gottes in der hebräischen Bibel, der nicht ausgesprochen werden darf.

Jeschiwa   Hebräisch: „Sitzen oder Sitzungsplatz". Talmudhochschule, religiöse Schule der Erwachsenen.

Jiddisch   Jiddisch ist die Sprache der aschkenasischen Juden. Sie basiert auf der mittelhochdeutschen Umgangssprache, angereichert mit hebräischen, romanischen und slawischen Worten und Sonderformen. Sie gilt als Komponentensprache. Nach der Auswanderung vieler Juden nach Osteuropa im Spätmittelalter entwickelten sich West- und Ostjiddisch.

Jom Kippur   Hebräisch: „Tag der Versöhnung". An diesem Tag sollen alle Streitigkeiten zwischen den Menschen beigelegt werden. Jom Kippur wird im September oder Oktober gefeiert. Der Tag ist der höchste jüdische Feiertag und wird in der Synagoge verbracht. Vom Sonnenuntergang des Vorabends bis zum Sonnenuntergang des Folgetags wird gefastet.

Kehilla, Kahal   Hebräisch: „Gemeinde"

Ketubba   Ehevertrag (wörtlich: „Geschriebenes")

Kiddusch   Hebräisch: „Heiligung". Segensspruch zu Beginn des Schabbats bzw. der Feiertage.

Kiddusch-Becher   Ein mit Wein gefüllter Becher für die Kiddusch-Zeremonie

Kaschrut   Die religiösen Speisevorschriften

Kippa   (Mehrzahl: Kippot) Kreisförmige flache Kopfbedeckung. Bei religiösen Handlungen, beim Besuch der Synagoge und des Friedhofs bedecken männliche Juden ihr Haupt.

koscher   Bezeichnet die Reinheit/Tauglichkeit im rituellen Sinne. Der Begriff für das Gegenteil, also rituell unrein, heißt „trefe".

Laubhüttenfest   → Sukkot

Lulav   Ein Bündel aus Palmen-, Myrthen- und Weidenzweigen, das im Zusammenhang mit dem Laubhüttenfest gebraucht wird.

Machsor   Hebräisch: „Zyklus". Gebetbuch für den Gottesdienst an Feiertagen.

Mazza, Matze   Ungesäuertes Brot, das ohne Treibmittel wie Sauerteig oder Hefe hergestellt wird. Mazzen werden an Pessach in Erinnerung an den übereilten Auszug aus Ägypten gegessen.

Megilla Schriftrolle. Im Gegensatz zur Thorarolle ist die Megillah nur um einen Stab gewickelt. Der Ausdruck wird vorwiegend für die Esther-Rolle verwendet (→ Purim).

Menora Siebenarmiger Leuchter. Eines der am meisten verbreiteten Symbole des Judentums, das bei der Staatsgründung Israels in das Staatswappen aufgenommen wurde. Bezieht sich auf das Vorbild des Leuchters im Tempel in Jerusalem. Die sieben Arme symbolisieren die sieben Schöpfungstage.

Mesusa Wörtlich: „Türpfosten". Kleine Holz- oder Metallkapsel, die Texte aus dem 5. Buch Mose enthält. Die Kapsel wird an der Eingangstür zu einem jüdischen Haus befestigt.

Midrasch Gattungsbegriff für ein Genre jüdischer religiöser Literatur, die sich mit der Auslegung der Bibel beschäftigt.

Minjan Nach den Geboten ist für einen Gemeindegottesdienst die Anwesenheit von mindestens zehn erwachsenen Männern nötig. Jungen zählen nach ihrer → Bar Mizwa zum Minjan.

Mischna Hebräisch: „Lehre". Die Mischna ist der Grundstamm der mündlichen Thora. Die zunächst nur mündlich tradierte Lehre wurde seit im 2. Jahrhundert schriftlich niedergelegt. Mit den später entstandenen Kommentaren den → Gemara bildet sie den Talmud.

Ner Tamid → ewiges Licht

Paroketh Zumeist reich verzierter Vorhang vor dem Thoraschrein.

Pessach Hebräisch: „Überschreitung". Fest anlässlich der Befreiung der Juden aus der ägyptischen Gefangenschaft. Pessach wird im Frühjahr meist in der Zeit um Ostern gefeiert. Das Fest beginnt mit umfangreichen Vorbereitungen, z.B. wird das Haus von allen gesäuerten Speisen gesäubert. Der → Sederabend wird im Kreise der Familie mit einer besonderen Zeremonie gefeiert. Beim Sedermahl wird ein Teller mit drei Mazzot → Mazza, also ungesäuerten Broten, auf den Tisch gestellt. Mit dem ungesäuerten Brot soll an die Eile bei Aufbruch aus Ägypten erinnert werden. Die Brote stehen auch für die drei Stämme der Kohanim, Leviim und Israelim. Weitere Speisen stehen symbolisch für die erlittenen Qualen in Ägypten (→ Sederteller). Während der Feier wird die → Haggada gelesen bzw. gesungen.

Purim Das jüdische „Los"-Fest wird meist im Februar gefeiert und ist ein Freudenfest. Die Feier trägt ähnliche Züge wie die Fastnachtsfeier bei den Christen. Das Fest erinnert an die Rettung der persischen Juden durch Esther, der Frau des Königs Xerxes, vor dem bösen Judenfeind Haman.

Purimteller Teller mit kleinen Geschenken für Kinder, die an Purim an manchen Orten von Haus zu Haus ziehen.

Purimrassel Während des Purimfestes wird das Buch Esther gelesen. Esther verhindert die Vernichtung der Juden durch den Minister Haman, der auf Befehl ihres Mannes hingerichtet wird. Bei der Lesung haben die Kinder die Aufgabe, den Namen Hamans mit Rasseln zu übertönen.

Rabbiner Hebräisch: „Meister". Gelehrter In Fragen zu Thora und Talmud. Rabbiner fungierten in den Gemeinden auch als Richter. Sie haben allerdings keine priesterliche Funktion beim Gottesdienst in der Synagoge.

Rosch Haschana Hebräisch: „Anfang des Jahres". Das Jüdische Neujahrsfest wird im September/Oktober gefeiert. Es ist Anfang der Hohen Feiertage, die bis Jom Kippur dauern. Während dieser zehntägigen Zeit der Einkehr wird in der Synagoge das Schofar-Horn geblasen.

Schabbat Der siebente Tag der Woche wird nach der Schöpfungsgeschichte als Ruhetag gefeiert. Er ist dem Thorastudium gewidmet. Die Feierlichkeiten beginnen am Freitagabend bei Sonnenuntergang und enden bei Sonnenuntergang am Samstag. Nach der Rückkehr aus der Synagoge beginnt am Sabbatabend das festliche Sabbatmahl im Kreise der Familie. Zum Essen wird ein besonderes, zu einem Zopf geflochtenes Brot gereicht (Challa). Beim Gottesdienst am Samstagmorgen wird der Wochenabschnitt der Thora verlesen. Zum Ende des Festes werden zwei geflochtene Kerzen entzündet (Havadala) und die mit wohlriechenden Gewürzen gefüllte → Besamim-Büchse durch den Raum getragen. Am Sabbat ist den Juden alle Arbeit verboten. Es gibt eine Vielzahl von Vorschriften und Bräuchen zur Einhaltung des Gebots. Speisen für den Schabbat müssen beispielsweise am Vortag zubereitet werden. Auch das Feuermachen oder das Tragen von Gegenständen ist am Schabbat verboten. Oft gab es daher christliche Helfer, die nötige Arbeiten verrichten konnten. Am Schabbat ist auch grundsätzlich das Verlassen des Hauses untersagt, diese Vorschrift wird allerdings auf den Schabbat-Bezirk (→ Eruw) ausgedehnt. Der Bereich wird durch entsprechende Tore bzw. Grenzen gekennzeichnet, innerhalb derer man sich zu Fuß bewegen darf, die jedoch nicht überschritten werden dürfen.

Sabbat-Tor → Eruw

Schabbesgoi Jiddisch für Christen, die während des Schabbat alle nötigen Arbeiten erledigen, die Juden wegen der Schabbatregeln an diesem Tag nicht verrichten dürfen.

Schammes / Schamasch Jiddisch für den Synagogendiener

Schofar / Schofarhorn Widderhorn. Das alte jüdische Symbol hat seinen Ursprung in der Geschichte Abrahams und der verhinderten Opferung seines Sohnes Isaak. In jenem dramatischen Moment, als Abraham im Begriff war, seinen Sohn zu töten, gebot ihm Gott Einhalt. Anstelle des Menschenopfers schlachtete Abraham einen Widder. Das Schofarhorn wird zu wichtigen Anlässen, unter anderem beim jüdischen Neujahrsfest Rosch Haschana und an Jom Kippur geblasen. Es ruft die Gemeinde zusammen und soll die Himmelstore öffnen.

Schul Jiddisch für Synagoge (→ Frauenschul)

Sederteller Teller für die speziellen Speisen im Zusammenhang mit dem Sedermahl. Auf dem Sederteller liegt ein Lammknochen und ein Ei als Symbole für das Tempelopfer, ein bitteres Kraut für die bitteren Jahre der Gefangenschaft, ein Püree aus Früchten Nüssen und Wein, für den Mörtel, den die Juden in der Knechtschaft herstellen mussten, und süße Kräuter, die für das Leben im Gelobten Land stehen.

Sefarad Hebräischer Name für Spanien

Selichot Hebräisch: „Vergebung" = Bußgebete

Siddur Gebetbuch für Wochentage

Sofer Speziell ausgebildeter Schreiber, der die Thorarollen schreibt und andere Texte, wie → Megilla, aber auch Eheverträge erstellt.

Sukkot Laubhüttenfest. Das siebentägige jüdische Erntedankfest wird im September/Oktober gefeiert. Für die Feierlichkeiten wird eine mit Früchten geschmückte Hütte aus Zweigen errichtet. Während des Festes werden die Abendmahlzeiten wenn möglich in der Sukka (Laubhütte) eingenommen. Der → Lulav, ein Bündel aus Palmen-, Myrthen- und Weidenzweigen, sowie der → Etrog, eine Zitrusfrucht spielen in den Bräuchen eine Rolle.

Taharah-Haus Haus für die Waschung von Verstorbenen vor der Beerdigung

Takkanot Verordnungen oder Vorschriften. Die Takkanot regeln rechtliche Fragen im Leben der Gemeinde und des Einzelnen.

Tallit Der Tallit ist ein großes viereckiges Tuch. Er ist mit Streifen versehen und mit Fransen geschmückt. Der Gebetsmantel geht ursprünglich auf die übliche Alltagskleidung in biblischer Zeit zurück. Im Gottesdienst wird der Tallit bei verschiedenen Gebeten getragen und wenn man mit der Thora in Berührung kommt. Der Vorbeter trägt ihn ständig.

Tefillin Gebetsriemen. Die Riemen werden von Männern beim täglichen Morgengebet angelegt. Die Tefillin sind mit Kapseln versehen, die kleine Schriftrollen mit Textstellen aus der Thora enthalten. Man schlingt einen Teil der Riemen um den Kopf, den anderen (bei Rechtshändern) um den linken Arm, die Hand und die Finger. Die genaue Form und Anwendung ist im Talmud beschrieben. Die Tefillin gelten als Erinnerung daran, dass Gott die Israeliten aus der ägyptischen Sklaverei befreite.

Thora Hebräisch: „Unterweisung, Gesetz". Die fünf Bücher Mose (→ Bibel)

Thorarolle Eine nach strengen Regeln durch einen speziell ausgebildeten Schreiber erstellte Abschrift der Thora. Der Text wird handschriftlich auf Pergament übertragen und auf zwei Stäbe aufgewickelt, was der in der Antike üblichen Form eines Buches entspricht. Die Thorarolle wird im → Aron haKodesch in der Synagoge aufbewahrt. Sie wird mit dem Thorawimpel zusammengebunden. Die Thorarolle wird mit einem aufwändig geschmückten Thoramantel umhüllt. Über den Mantel wird der Thoraschild gehängt. Über den linken Stab der Rolle wird der Thorazeiger gehängt. Die oberen Enden der Stäbe werden mit einer Thorakrone geschmückt.

Thoraschild Meist aus Silber gefertigter Schmuck der Thorarolle. Häufig werden Symbole wie eine Krone, die Gesetzestafeln, der Löwe von Juda oder die Säulen des Tempels darauf dargestellt.

Thoraschrein → Aron haKodesch

Thorazeiger → „Jad"

Trefe Im rituellen Sinne „unrein", nicht tauglich. Gegenteil von „koscher".

Ausgewählte Literatur

Allgemein

Altwasser, Elmar: Die mittelalterlichen Synagogen in Mitteleuropa. Ein forschungsgeschichtlicher Überblick, in: Beiträge zur Mittelalterarchäologie in Österreich 14 (Wien 1998) 139–150.

Barzen, Rainer: „Kehillot Schum". Zur Eigenart der Verbindungen zwischen den jüdischen Gemeinden Mainz, Worms und Speyer bis zur Mitte des 13. Jahrhunderts, in: Cluse, Christoph/Haverkamp, Alfred/Yuval, Israel J. (Hg.): Jüdische Gemeinden und ihr christlicher Kontext in kulturräumlich vergleichender Betrachtung von der Spätantike bis ins 18. Jahrhundert [= Forschungen zur Geschichte der Juden 13] (Hannover 2003) 389–404.

Battenberg, Friedrich: Das europäische Zeitalter der Juden. Zur Entwicklung einer Minderheit in der nichtjüdischen Umwelt Europas (Darmstadt 1990).

Cluse, Christoph (Hg.): Europas Juden im Mittelalter. Beiträge des internationalen Symposiums in Speyer vom 20.–25. Oktober 2002 (Trier 2004).

Fischbach, Stefan / Westerhoff, Ingrid (Bearb.): „… und dies ist die Pforte des Himmels". Synagogen Rheinland-Pfalz – Saarland [Landesamt für Denkmalpflege Rheinland-Pfalz / Staatliches Konservatoramt Saarland / Synagogue Memorial Jerusalem Hg.] [= Gedenkbuch der Synagogen in Deutschland, begründet von Meier Schwarz, Synagogen Memorial Jerusalem 2] (Mainz 2005).

Gidal, Nachum Tim: Die Juden in Deutschland von der Römerzeit bis zur Weimarer Republik (Gütersloh 1988).

Haverkamp, Alfred: Die Judenverfolgungen zur Zeit des Schwarzen Todes im Gesellschaftsgefüge deutscher Städte, in: Burghard, Friedhelm/Heit, Alfred/Matheus, Michael (Hg.): Verfassung, Kultur, Lebensform. Beiträge zur italienischen, deutschen und jüdischen Geschichte im europäischen Mittelalter (Mainz/Trier 1997) 223–297.

Haverkamp, Alfred (Hg.) / Bardelle, Thomas (Bearb.): Geschichte der Juden im Mittelalter von der Nordsee bis zu den Südalpen [=Forschungen zur Geschichte der Juden A, Abhandlungen; 14,1–14,3] (Hannover 2002).

Haverkamp, Alfred: Zur Siedlungs- und Migrationsgeschichte der Juden in den deutschen Altsiedellanden während des Mittelalters, in: Matheus, Michael (Hg.): Juden in Deutschland [= Mainzer Vorträge 1] (Stuttgart 1995) 9–32.

Haverkamp, Eva (Hg.): Hebräische Berichte über die Judenverfolgungen während des ersten Kreuzzugs (= Monumenta Germaniae Historica, Hebräische Texte aus dem mittelalterlichen Deutschland 1) (Hannover 2004), in: Mittelalterliches Jahrbuch 42,2 (2007) 297–301.

Heuberger, Georg (Hg.): Mikwe, Geschichte und Architektur jüdischer Ritualbäder in Deutschland (Frankfurt 1992).

Historisches Museum der Pfalz (Hg.): Europas Juden im Mittelalter [Ausstellungskatalog] (Ostfildern 2004).

Lotter, Friedrich: Die Juden und die städtische Kontinuität von der Spätantike zum Mittelalter im lateinischen Westen, in: Mayerhofer/Opell (Hg.): Juden in der Stadt (Linz/Donau 1999) 21–79.

Krautheimer, Richard: Mittelalterliche Synagogen (Berlin 1927).

Künzl, Hannelore: Jüdische Grabkunst von der Antike bis heute (Darmstadt 1999).

Mattes, Barbara: Jüdisches Alltagsleben in einer mittelalterlichen Stadt. Responsa des Rabbi Meir von Rothenburg. (Internetpublikation 2003: books.google.de)

Metzger, Thérése: Jüdisches Leben im Mittelalter. Nach illuminierten hebräischen Handschriften vom 13.–16. Jahrhundert (Würzburg 1983).

Neubauer, Adolf: Hebräische Berichte über die Judenverfolgung während der Kreuzzüge [= Quellen zur Geschichte der Juden in Deutschland 2] (Berlin 1892, Nachdr. Hildesheim 1997).

Paulus, Simon: Die Architektur der Synagoge im Mittelalter. Überlieferung und Bestand (Petersberg 2007).

Rothschild, Leopold: Die Judengemeinden zu Mainz, Speyer und Worms von 1349–1438 (Marburg 1904).

Schmandt, Matthias: Judei, cives et incole: Studien zur jüdischen Geschichte Kölns im Mittelalter [= Forschungen zur Geschichte der Juden A, Abhandlung 11] (Hannover 2002).

Schöps, Julius H. / Wallenborn, Hiltrud (Hg.): Juden in Europa. Ihre Geschichte in Quellen 1 (Darmstadt 2001).

Strehlen, Martina u. a.: „Ein edler Stein sei sein Baldachin...". Jüdische Friedhöfe in Rheinland-Pfalz. Denkmalpflege in Rheinland-Pfalz [Ausstellungskatalog] (Speyer 1996).

Toch, Michael: „Dunkle Jahrhunderte". Gab es ein jüdisches Frühmittelalter? [= Kleine Schriftenreihe des Arye-Maimon-Institutes 4] (Trier 2001).

Ziwes, Franz-Joseph: Studien zur Geschichte der Juden im mittleren Rheingebiet während des hohen und späten Mittelalters (=Forschungen zur Geschichte der Juden, Abteilung A: Abhandlungen), Hannover 1995

Speyer

Debus, Karl Heinz: Geschichte der Juden in Speyer bis zum Beginn der Neuzeit, in: Geschichte der Juden in Speyer [= Beiträge zur Speyrer Stadtgeschichte 6] (Speyer 1981) 9–47.

Engels, Christoph: Gedanken zur Baugeschichte der mittelalterlichen Synagoge in Speyer, in: Pfälzer Heimat 52, H.2/3, (2001) 61–72.

Engels, Renate: Zur Topographie der Stadt Speyer im Hohen Mittelalter, in: Böhme, Host Wolfgang (Hg.): Siedlungen und Landesausbau zur Salierzeit. Teil 2: in den südlichen Landschaften des Reichs [= Römisch-Germanisches Zentralmuseum Monographien 28] (Sigmaringen 1991) 153–176.

Haverkamp, Alfred (Hg.): Zur Geschichte der Juden im Deutschland des späten Mittelalters und der frühen Neuzeit (Stuttgart 1981).

Litzel, Georg: Beschreibung der alten jüdischen Synagoge nebst einer Anzeigung eines römischen Castells bey Speyer, dessen Merkmale man im vorigen Jahr 1758 gefunden (Speyer 1759).

Porsche, Monika: Archäologische Grabungen in der mittelalterlichen Synagoge Speyer. In: Archäologie in der Pfalz Jahresbericht 2001 (Rahden/Westf. 2003) 198–206.

Porsche, Monika: Villa Spira – civitas: Zwei mittelalterliche Judensiedlungen in Speyer?, in: Zeitschrift für die Geschichte des Oberrheins 151 (Stuttgart 2003) 13-34.

Transjer, Werner / Porsche, Monika / Heberer, Pia: Synagoge und jüdisches Ritualbad in Speyer (München / Berlin 2004).

Worms

Böcher, Otto: Die Alte Synagoge zu Worms (Worms 1960) [= der Wormsgau 18].

Böcher, Otto: Raschi Lehrhaus in Worms, in: Emuna. Horizonte zur Diskussion über Israel und das Judentum (1969) 25–28.

Böcher, Otto: Der alte Judenfriedhof zu Worms (7. Aufl. Köln/Neuss 1992).

Böcher, Otto: Zum Wiederaufbau der Wormser Synagoge, in: Wormsgau 19 (2000) 205–227.

Bönnen, Gerold (Hg.), Geschichte der Stadt Worms (Stuttgart 2005).

Brocke, Michael: Der mittelalterliche Friedhof in Worms – Vom Reichtum und den Nöten einer heiligen Stätte, in: Krochmalnik (2007) 199–226.

Memoria – Wege jüdischen Erinnerns. Festschrift für Michael Brocke zum 65. Geburtstag (Berlin 2005).

Galleé, Volker (Bearb.): raschi 1105–2005. Leben und Wirken Raschis. Die Juden in der Champagne und am Rhein (Worms 2005).

Krochmalnik, Daniel/Liss, Hanna/Reichmann, Ronen (Hg.), Raschi und sein Erbe (Heidelberg 2007).

Reuter, Fritz: Jüdisches Worms. Raschi-Haus und Judengasse (Worms 1992).

Mainz

Arens, Fritz (Bearb.): Die Kunstdenkmäler der Stadt Mainz. Teil 1 Kirchen St. Agnes bis Hl. Kreuz [= die Kunstdenkmäler von Rheinland-Pfalz 4] (München 1961).

Falk, Ludwig: Mainz in seiner Blütezeit als freie Stadt (1244 bis 1328) [= Geschichte der Stadt Mainz 3] (Düsseldorf 1973) 116–141.

Falk, Ludwig: Mainz im frühen und hohen Mittelalter (Mitte 5. Jahrhundert bis 1244) [= Geschichte der Stadt Mainz 2] (Düsseldorf 1972) 112–118.

Levi, Sali [Verein zur Pflege jüdischer Altertümer in Mainz (Hg.)]: Magenza; ein Sammelheft über das jüdische Mainz im fünfhundertsten Todesjahr des Mainzer Gelehrten Maharil (Wien 1927).

Levi, Sali: Beiträge zur Geschichte der ältesten jüdischen Grabsteine in Mainz (Mainz 1926).

Rapp, Eugen Ludwig: Chronik der Mainzer Juden. Die Mainzer Grabdenkmalstätte (Mainz 1977).

Salfeld, Siegmund: Der alte israelitische Friedhof in Mainz und die hebräischen Inschriften des Mainzer Museums (Berlin 1898).

Salfeld, Siegmund: Zur Geschichte der Mainzer Synagoge, in: Mainzer Zeitschrift 3 (Mainz 1908) 106–110.

Salfeld, Siegmund: Die Mainzer Judenerben. Beitrag zur Topographie des alten Mainz, in: Mainzer Zeitschrift 12/13 (Mainz 1917/18) 144–156.

Salfeld, Siegmund: Bilder aus der Vergangenheit der jüdischen Gemeinde Mainz (Mainz 1903) 85f.

Salfeld, Siegmund: Die Mainzer Judenerben, in: Mainzer Zeitschrift 13 (Mainz 1918) 144–156.

Salfeld, Siegmund: Zur Einweihung der neuen Synagoge, in: Festschrift zur Einweihung der neuen Synagoge in Mainz: 3. September 1912 (Mainz 1912) 16ff.

Schaab, Karl Anton: Diplomatische Geschichte der Juden zu Mainz und dessen Umgebung (Mainz 1855).

Schütz, Friedrich: Die Geschichte des Mainzer Judenviertels, in: Matheus, Michael (Hg.): Juden in Deutschland [= Mainzer Vorträge 1] (Stuttgart 1995) 33–60.

Vest, Bernd Andreas: Der alte jüdische Friedhof in Mainz (2. erw. Aufl. Mainz 2000).

Weitere Informationen

Speyer

Tourist-Information Speyer
Maximilianstraße 13
(neben dem historischen Rathaus)
67346 Speyer
Telefon: (06232) 142392
E-Mail: touristinformation@stadt-speyer.de
www.speyer.de

Die Abteilung Kulturelles Erbe (Stadtarchiv, Museen, Gedenkstätten) der Stadt Speyer stellt eine Vielzahl von Informationen zur Verfügung und ermöglicht über das Internet den Zugang zu einer ständig wachsenden Zahl von Archivalien auch zur jüdischen Geschichte. Unter anderem wurden sämtliche Urkunden digitalisiert. Sie werden seit Oktober 2011 im virtuellen Urkundenarchiv „Monasterium" präsentiert.
www.speyer.de/de/bildung/bibliotheken/stadtarchiv

www.mom-ca.uni-koeln.de/mom/DE-StaASpeyer/archive

Wer über ein Smartphone mit Internetzugang verfügt, kann sich über folgende Adresse im Judenhof in Speyer führen lassen:
www.speyer.tomis.mobi/judenhof

Die jüdische Gemeinde Speyer bietet im Internet Veranstaltungshinweise und eine kurze Übersicht zu ihrer jüngsten Geschichte:
www.jgs-online.de

Worms

Tourist-Information Worms
Neumarkt 14
67547 Worms
Telefon: (0 62 41) 8 53 73 06
E-Mail: touristinfo@worms.de
www.worms.de

Eine Broschüre zum jüdischen Worms steht unter folgender Adresse zum Download bereit:
www.worms.de/downloads/Tourismus/ SixPack/Flyer_TourInf_Judentum_2011n_d.pdf

Weitere Informationen zu den Sehenswürdigkeiten findet man unter:
www.worms.de/deutsch/tourismus/ sehenswuerdigkeiten/juedisches_worms.php

Die jüdischen Kulturtage finden jährlich im September statt:
www.worms.de/deutsch/kultur/ Juedische_Kulturtage/index.php

Jüdische Gemeinde Worms / Mainz:
www.jgmainz.de/

Gesellschaft zur Förderung und Pflege der jüdischen Kultur in Worms „Warmaisa"
www.warmaisa.de

Vertiefende Informationen zur Geschichte von Worms finden sich ebenfalls im Internet:
www.regionalgeschichte.net/ rheinhessen/worms.html

Am Steinheim-Institut besteht seit vielen Jahren eine epigraphische Datenbank, in die gegenwärtig auch die Inschriften der Grabsteine vom Heiligen Sand aufgenommen werden. Die Datenbank ist über das Internet öffentlich zugänglich:
www.steinheim-institut.de/cgi-bin/epidat

Mainz

Touristik Centrale Mainz
Brückenturm am Rathaus
(Rheinstraße 55)
55116 Mainz
Telefon: (06131) 28 62 10
E-Mail: tourist@info-mainz.de
www.touristik-mainz.de

Die Touristikzentrale Mainz bündelt ihr vielfältiges Programm zum Thema jüdische Geschichte unter einer eigenen Internetadresse:
www.magenza.mainz.de

Besonders erwähnenswert sind vor allem die geführten Stadtrundgänge, z. B. im Rahmen der Kulturspaziergänge. Diese Rundgänge sind zu den angegebenen Terminen, aber auch für Gruppen nach Absprache buchbar.
www.touristik-mainz.de/kulturspaziergang.html

Führungen zum Thema, etwa zum jüdischen Friedhof oder auch zu Mainz im Mittelalter, bietet auch der Verein Geographie für alle e.V. an.
www.geographie-fuer-alle.de

Der Verein für Sozialgeschichte Mainz e.V. unterhält ebenfalls ein entsprechendes Angebot und hat auch eine Broschüre zum Thema aufgelegt. Der Fokus der Darstellung liegt hier speziell auf der Zeit des Nationalsozialismus.
www.sozialgeschichte-mainz.de

Ein weiterer wichtiger Link ist natürlich der zur jüdischen Gemeinde Mainz, die auch immer wieder öffentliche Veranstaltungen anbietet.
www.jgmainz.de

Plan Altertumsverein Worms: Abb. 73

Ausgewählte Literatur • 143

Bildnachweis

© Architectura Virtualis GmbH. Kooperationspartner der TU Darmstadt:
Abb. 14, 27, 28

© Klaus Benz, Mainz:
Abb. 102

Georg Braun, Beschreibung und Contrafactur der vornembster Stät der Welt/I, Köln 1582 (Universitätsbibliothek Heidelberg):
Abb. 4, 40, 82

Renate Deckers-Matzko, Heidelberg:
Abb. 1, 2, 4, 7, 15, 29, 30, 31, 32, 33, 38, 39, 53, 56, 59, 65, 81

© Heribert Feldhaus (Grundlage: Katasterplan der Stadt Worms nach Fritz Reuter):
Abb. 8, 10, 46, 55, 85

© GDKE – Direktion Landesdenkmalpflege, Heinz Straeter:
Frontispiz, Abb. 68, 78, 88

© GDKE – Fotoarchiv, Landesdenkmalpflege:
Abb. 9, 17, 18, 19, 20, 21, 22, 23, 24, 25, 26, 41, 43, 44, 87, 91, 92, 93, Umschlagabbildungen

© GDKE – Landesmuseum Mainz (Ursula Rudischer):
Abb. 99, 100, 101

© Historisches Museum der Pfalz Speyer:
Abb. 12, 13, 16, 36

Norbert Latocha, Obertshausen:
Abb. 3, 45, 96, 98

Andreas Lechtape, Münster:
Abb. 84

Manuscripts Department, The National Library of Israel in the Publication, Ms. Heb. 4° 781, fol. 72v; Bildvorlage: Stadtarchiv Worms:
Abb. 49

Aus: Thérèse Mendel Metzger, Jüdisches Leben im Mittelalter, Würzburg 1983, Abb. 301, 300:
Abb. 35, 47

Mattias Preißler:
Karte S. 8, Abb. 67

© Alfons Rath, Schwabenheim:
Abb. 5, 52, 83

© Salomon Ludwig Steinheim-Institut für deutsch-jüdische Geschichte,
Bert Sommer: *Abb. 74, 75, 76;*
Stefanie Fuchs: *Abb. 76, 77;*
Günter Gawlik: *Abb. 75 (Inv.-Nr. 115)*

© Stadtarchiv Mainz:
Abb. 72, 86, 89, 90

© Stadtarchiv Speyer, Fotosammlung:
Abb. 6, 37

© Stadtarchiv Worms:
Abb. 50, 51, 54, 57 (Abt. 1B Nr.48), *58, 60, 61, 62, 63, 64, 66, 69* (Bildnr. D01959), *70, 71, 74* (IMG_2873), *76* (D01983), *79, 80*

© VG Bild-Kunst, Bonn:
Abb. 94, 95

© Universitätsbibliothek Leipzig, Vollers 1102-1, fol. 27r:
Abb. 48

© Klaus Venus, Speyer:
Abb. 11